一生仕事で困らない

企画のメモ技《テク》

高橋晋平

あさ出版

はじめに

やりたい企画なんて、なくて当然

「会社から新企画の提出を求められたが、いい案が浮かばない」
「新しいビジネスを始めたいと思っているが、何をやっていいかわからない」
いろいろな会社のいろいろな人と仕事をしていると、このような声を聞かない日はありません。

この本は、そんなふうに「新しいことをやりたいんだけど何をやりたいかは特に思いつかない」という、世の中にたくさんいるフツーの人たちに向けた本です。この本を書きたいと思った理由は、昔、僕自身がまさにそうだったからです。

現在の僕の仕事はクリエーターです。商品や事業の企画をつくって実行することをビジネスとしています。自分の会社でやる企画もあれば、いろいろな人や企業とチームをつくって、一緒に商品を開発・販売したり、事業を立ち上げたりすることもあります。

僕は2004年に大手玩具メーカーのバンダイに入社し、約10年間、おもちゃの企画開発・マーケティングを担当してきました。

国内外で大ヒット商品となった「∞《むげん》プチプチ」というおもちゃを筆頭に、多くのおもちゃ開発に携わらせていただきました。

しかし、仕事歴としてはまったく順風満帆ではなく、特に入社3年目頃までは、社内で企画をほとんど通すことができず、ボツになってばかり。スランプに陥り、頭の中が真っ白になって、何も思いつかないという状況が何度も起こりました。

また、その頃出ていた「企画術」「発想法」のような本を読んで勉強したりしても、それで新しい企画が浮かぶことはありませんでした。

その最大の理由は、僕自身、「あれをやりたい、これをやりたい」というように、次々にやりたいことを思いつくような人間ではなかったからです。商品を企画する仕事なのに、自分自身は欲しいものがたくさんあるタイプでもなく、大人しく暮らしていれば満足な人間でした。

「自分の欲求」というものに、気がついていなかったのです。

黙っていても、いろいろなことへの興味関心が尽きず、自分の内側から自然とやりたいことや欲しいものがあふれてくる人であれば、企画が思いつかずに困るなどというようなことはないでしょう。しかし、そんな人は特別な存在です。たいていの人は、そんなに次から次とやりたいことなんて出てこないのが普通ですし、いろいろな欲求を潜在的に心の中に眠らせているはずです。

新しい企画は、メモの力でいくらでも生まれる

当時の僕は、自分の欲求がそれほど顕在化しているわけでもないうえ、さらに「アイデアや企画は自分のセンスでつくるものだ！」という勘違いをして、自分の頭の中だけで企

画というものを考えようとしていました。

頭の中にある情報、すなわちアイデアの材料はもちろん限られているので、いくらそれをもとにしてアイデアを考えようとしても、同じような思いつきばかりがぐるぐると頭の中を回るような状態になっていたのです。


それを乗り越えて、企画を出し続け、実現させられるようになったきっかけを与えてくれたのは、アメリカで生まれ、日本でもヒットした「20Q」というおもちゃでした。

20Qは、頭の中で何かを思い浮かべ、それについての質問20個にYes・Noで答えていくと、思い浮かべたものが液晶画面に表示される、というもの。つまり、自分が頭の中で考えていることをズバリ言い当ててくるおもちゃです。

これが店頭でどんどん売れていく様子を見て、僕は「この商品は自分自身でもすごく欲しい商品だけど、絶対に思いつくことはできなかった」と身に染みて思いました。自分の頭の中の限界というものがわかった瞬間でした。


その時、僕は企画のヒントになる情報をもっともっと外に探しに行かないとダメだと、ようやく気がつきました。たいした人生経験もない自分が、大勢の人を喜ばせる企画をつくるには、「ネタ」を集めなければならないと。

ネタからアイデアを生み出し、手書きで売れる企画に仕上げる

今では、僕はこの先「一生企画に困ることはない」と公言しています。その理由は、特殊な才能があるからでもなければ、人の何十倍も努力しているからでもありません。日々、企画の材料になるネタをメモし続けて、それをもとに企画を生み出す〝仕組み〟を試行錯誤のうえ、手に入れたからです。

本書では、企画づくりのためのメモ術により、多くの人に欲しがられる企画をどんどんつくる方法を解説していきます。普段から僕が実際にやっている方法を、今回改めてまとめなおしてみた、初公開のメソッドです。

まず、第1章では、アイデア・企画の材料となる「ネタ帳」のつくり方を紹介します。

情報があふれている世の中で、いかにして、自分がつくりたい企画に必要な情報を見つけるのか？

ここでのキーワードは「人間の欲求」です。スマホを活用し、自分の欲求に従って「ネタ」をメモし、自分だけのオリジナルの「ネタ帳」をつくっていきます。しだいにパワーアップしていく「ネタ帳」を見ていると、ネタ集めだけでも楽しくなってくるでしょう。

続く第2章では、メモしてためたネタを使って、企画のもとになるアイデアをつくるメモの方法を説明していきます。ポイントは、「かけ合わせ」です。考えたいお題とネタをかけ合わせて、アイデアをどんどんつくっていきます。

たとえば社員のモチベーションを上げるアイデアを考えなさいというお題に対して、ネタとしてメモした「メーターのないタクシー」をかけ合わせる。すると、「手ぶら出勤の仕組みをつくる」などというアイデアが出てきます。

なぜそのようなアイデアが出てくるのか？　これにもきちんとした方法論があります。

またこのアイデアにランダムなワード（言葉）をかけ合わせ、さらにアイデアを量産する方法も紹介します。この方法を使えば、1時間で100アイデアを出すことも不可能ではありません。

第3章では、アイデアを企画に進化させていく「三角形メモ」を説明します。ここでは、メモを手書きして、企画としてまとめる方法をご紹介します。じっくりと手書きしながら、顧客になる人の心や、自分の心と向き合い、

「この企画は、人々に欲しいと思われるものなのか？」

「本当にそうか？」

「ずれていないか？」

などと、じっくり考えていき、売れる企画をつくり上げていきます。

最後の第4章では、企画を実現させるためのマインドセットをお伝えしていきます。

企画は実現させないと意味がありませんが、実現させるためには数々のハードルを越えなければなりません。どのような考え方で、やりたい企画を実現させていくのかをお話しします。

あなたがこれから、日常で見つけたネタを書きとめたメモは、やがて企画になり、あなたに利益をもたらしたり、あなたの人生の夢を実現させたりします。

ワクワクしてきませんか？

最後までお読みいただけたら、あなたは一生、自分を幸せにするための企画をつくり続けられるようになっているはずです。

では早速始めていきましょう！

第2章

アイデアを量産する「かけ合わせメモ」

第3章 ヒット企画へと仕上げる「三角形メモ」

第4章

企画を実現させるためのマインドセット

第1章

企画づくりの材料をメモする「ネタ帳」

01 メモすべき情報は「欲しいと思うものごと」だけ

世の中のあれも企画、これも企画

そもそも、企画とは何でしょう?

この本を手に取ってくださった方の中には、ビジネスで利益を生む企画をつくらなければならない人もいれば、漠然と何か新しいことを考えたい人もいると思います。中には、「企画なんて、自分には関係ない」と思っている方もいらっしゃるかもしれません。

僕は、**企画とは、人の欲求を満たすための作戦**であると定義しています。

商品開発、サービス、イベント、広告宣伝……。さまざまなビジネス企画は利益につながることが目的ではありますが、それ以前に企画とは、誰かに価値を与え、その人の欲求を満たすためにつくるものでなければいけません。

また、企画はビジネス上だけのものではありません。

プライベートでは、趣味のサークルでの催しを考えたり、誰かのためのパーティを計画したりすることがあるでしょう。これらもすべて企画です。

進学する学校を決めることも、仕事を選んで就活をすることも、自分の欲求を満たすための作戦、すなわち企画です。

利益を求めるビジネスと関係がなくても、**人に価値や幸せを与えようとする計画や考えは、みな企画。**どんな人でも、すでに人生の中で無意識のうちにいろいろなことを企画し、実行しているのです。

企画の材料を集めた「ネタ帳」をつくろう

ではここで質問です。

皆さんが、仕事などで企画をつくろうと思ったら、まず初めにどうしますか？

①一人で「うーんうーん」と頭をひねって考えますか？

②インターネットで、考えたいお題と似たジャンルの情報を検索しますか？

どちらも間違ってはいません。しかし、それぞれの方法には短所があります。

まず①ですが、これは僕がボツ企画ばかりつくっていた頃と同じ状態です。自分の頭の中だけで考えている限り、記憶からすぐに引っ張り出せる情報をもとに企画を考えることになるため、毎回、同じような企画ばかりが出てきてしまいます。自分の持っている情報や考え方の癖は急に変わりはしないのですから、当然ですね。

次に②のインターネットで参考情報を探す方法も、考えたい企画と同ジャンルの情報を探すような検索では、それで見つかった他者の企画と似たようなものを考えてしまいがちになります。

また、検索上位で見つかる情報はある程度は決まっているため、世の中の大勢が同じ情報に同時にたどり着き、それをもとに同じような企画を考えている、ということが往々にして起こります。他の人と似たようなことをやっても、新鮮さやインパクトが薄れたり、既存の企画の粗悪な模倣になってしまったりして、誰にも必要とされない企画になってしまう可能性が高くなります。

では、どうすればいいのでしょうか？

僕は、日頃見聞きしたことや頭に浮かんだ思いつきの中から、企画づくりの材料になる情報や思いつきを「ネタ」と呼び（本書でもそう呼ぶことにします）、「ネタ帳」にメモしています。

そして、考えたいお題とネタを組み合わせ、「こんなことをやったら多くの人に欲しがられるヒット企画になるんじゃないか？」「ビジネスになるんじゃないか？」というように、アイデアを考え、具体的な企画に落とし込んでいくのです。これが僕の企画づくりの基本となります。

もし、あなたが自分だけのオリジナルの「ネタ帳」を持ち、日々メモを続けていれば、企画づくりに使えるネタがどんどん増えていき、ネタ帳は常に新しくパワーアップしていきます。

ネタの多くは、頭では忘れてしまっていたり、すぐに思い出すことができなかったりするものですが、企画を考える時にネタ帳を見返して、その時考えたいお題と組み合わせていくと、一気に何十ものアイデアをつくることができ、その中から、企画として実現させられるものを見つけることができるようになります。

メモすべき情報はたったの一種類

先にも言いましたが、企画といってもいろいろあります。

あなたが実現したい企画は、仕事で考えなければならない企画かもしれませんし、プライベートで考えたい趣味やイベントの企画、あるいは将来独立起業するための企画かもしれません。

これから、本書をお読みいただく皆さんには、人に価値を与える企画をつくって実現するために、毎日新しい情報をメモする習慣をつけていただきます。

ではまず、僕のネタ帳の一部分をお見せしましょう。

泡の色が変わるハンドソープ
甘すぎない甘酒
大人の数学教室
ストレングスファインダー
蚊を吸い込んで捕る　ウェル蚊ム
ブログネタを考えてくれるAI
早押しイベント　はじめてのクイズ
写真うつり改善練習ミラー
おざなりとなおざりの違い　記事
The Silver Pro　祖父母への手紙
スマホサイズのドローンカメラ
涙活
赤ちゃんの体温が測れるおしゃぶり
ダイアログ・イン・ザ・サイレンス 音
のない世界
好きなビールのAmazon Dash Button
ポイント・ニモ　世界で一番人間から離
れた場所
暗闇コン
人工知能が気の合うママ友を教えてくれ

これは、僕が普段「Evernote」というアプリにメモしているネタ帳の画像です。

僕以外の人は、これを見ても何のことかよくわからないと思います。

僕は、自分の企画づくりに役に立つネタ集めという目的で、このような情報を、1ネタ1行を基本としてメモし、ため続けています。

では、どこからどんなネタを拾っているのか。

今の時代、世の中には膨大な情報があふれています。インターネットでは、毎日ものすごい量のニュースや人々のつぶやきが流れては消えていきます。毎日たくさんの新製品も発売され、店頭に並んだり、広告が流れてきたりします。

ＴＶやＷｅｂ動画サービスの中では、24時間３６５日、多数のチャンネルで番組が放送されます。日常生活ではいろいろな人に会い、いろいろな話を聞きます。

それらをすべてメモするのはもちろん不可能です。

その中からメモするべき情報とは……、

・新しいものごと
・変わっているものごと
・なんだか面白そうなものごと

ではありません。

あなたが書きとめるべきメモは、

「欲しいと思うものごと」

これだけです。

もう少し詳しく言うと、「欲しいと思うものごと」とは、自分の欲求を刺激し、「買いたい」「使いたい」「やりたい」など、行動したいと思えるものごとのことです。

・店頭で商品を見て、購入したくなった。
・イベント情報を知り、チケットを予約して参加したくなった。
・広告やパッケージデザインを見て、その商品が欲しくなった。
・自分の悩みに関係がある記事の見出しを見て、思わずクリックしたくなった。
・Ｗｅｂで見たお笑いネタの動画があまりに面白く、宴会芸として真似したくなった。

このように、欲求を動かしたものごとが、ジャンルを問わず、自分にとっての「ネタ」になります。

「新しくて、変わっていて、面白そう」と思っても、欲求が動かされなければ、それは「ネタ」ではないので、メモすることは、ＮＧです。

たとえば、先ほど例として挙げた僕のメモで、一番上に書いてある「泡の色が変わるハンドソープ」というネタですが、これは、その商品を欲しいと思ったからメモしました。

僕には4歳の子供がいて、なかなか手を洗いたがりません。その子に、洗っていると色が変わるハンドソープを使わせたら、面白がって自分から手を洗うようになるかもしれない。試しに買ってみたいな、と思ったのです。

だから、「欲しいと思うものごと」であるこの情報は、僕にとっては「ネタ」です。しかし、泡の色が変わるハンドソープを「欲しい」と思わない人は、この情報をメモしてはいけません。

仮に似たような情報で、「お風呂で使えるピストル型ボディソープ」という新製品の情報があったとしましょう。

僕はこのような情報を見つけても、メモしません。その商品を欲しくないからです。変わっていて面白いと思うし、知らなかった情報ですが、ただそれだけです。

では、なぜ「欲しい」と思うものごとだけしかメモしてはいけないのでしょうか？

「面白い」「新しい」だけでは企画にならない

この章の冒頭で書いた通り、企画とは、誰かに価値を与え、欲求を満たすためにつくるものです。何かを考えて形にしても、それを必要として使ってくれる人がいなければ何の意味もないわけです。

企画を考える時に、多くの人が一番間違えてしまうこと。それは、「面白そう」「今までになく、新しい」という理由だけで企画をつくってしまうことです。

仕事の現場では、自分自身その企画が実現しても全然欲しくないのに、新しくて面白そうな企画を思いついたから、企画書にして提出してしまう、ということが起こります。皆さんの中にも身に覚えがある人もいるかもしれません。

この間違いは、どれだけ仕事の経験を積んでいても、やってしまうものです。

企画提出のタイムリミットがあり、「何かしら出さなければ」と切羽詰まったりすればなおさらです。

また、上司の意向があって、何となく流されたまま、体裁が整ったように見える企画を出してしまう、などといったこともあるでしょう。

くれぐれも、これらを企画だとは思わないでください。

仮にそれで企画が通ってしまい、実現しても、誰にも求められない企画になるか、運よく求める人がそれなりに現れたとしても、大成功する企画にはなりません。

企画とは、人の欲求を満たすための作戦。「何かが欲しい人」のためにそれを実現してあげることです。

そのためには、**まず自分が「この企画は絶対に欲しい、使いたい」と感じていなければ、結果的にいいものをつくることはできません。**

だからこそ、その企画の材料となるネタを集める時は、「欲しいと思うものごと」だけをメモするのです。自分自身が、人間の欲求を動かすと確信したネタだけで、ネタ帳を埋めなければなりません。

「面白そう」「今までになく、新しい」だけで企画を考えない。これを徹底していきましょう。

02 インターネットでのネタ探しにもコツがある

自分には「欲」がないと思っていませんか？

僕は毎日のように、いろいろな会社の企画会議に参加したり、組織内の企画チームづくりのお手伝いをしたりしています。そこでいろいろな人と話していると、こんな声を耳にすることがあります。

「もうすっかり欲がなくなって……」

その気持ち、少しわかります。

僕も本当に欲しいものと言えば、「家族が無事健康に暮らせる毎日」ぐらいなのかもしれないと思うことがあります。

ただ、「買いたい」「使いたい」「やりたい」というような、何か行動したいという気持ちは、誰もが生活の中で毎日感じているはずです。生活とは、そのような「欲求」の連続であるとも言えます。ネタ探しにおいてはその「欲求」に注目していくことが必要です。

僕がネタを探す場所

では、ネタになる「欲しいと思うものごと」はどこで探せばいいのでしょうか？

第一に挙がるのは、やはりインターネットです。雑誌や新聞など、情報メディアはさまざまありますが、今やＷｅｂの情報量と速さは群を抜いています。

しかし、この広いインターネットの世界のどこからどうやってネタをキャッチするかが問題です。僕の場合、主に２つの方法を使っています。

1. ＲＳＳリーダー
2. Twitter

では順番に、それぞれの使い方を説明していきましょう。

RSSリーダーで探す

RSSリーダーとは、ごく簡単に言うと、登録しておいたサイトで記事の更新があったかどうかがわかり、ニュースサイトやブログなどを直接開かなくても新着記事から順番に見られるアプリケーションのことです。このRSSリーダーを開くだけで、定期的にチェックしておきたいサイトの記事を一覧できます。

RSSリーダーとしては、「Feedly」というアプリなどが有名ですが、僕は「Inoreader」というアプリを使っています。

使いやすさの好みではあると思いますが、見出しだけをずらっと流し読みできて、気になった見出しを開いて記事内容をチェックできる手軽さが便利です。

僕はこのInoreaderで、次のようなサイトを登録し、発信されている情報を暇な時にチェックしています。

・ギズモード・ジャパン
・ガジェット通信
・ロケットニュース24
・GetNavi web
・ライフハッカー［日本版］
・日経トレンディネット
・デイリーポータルZ
・オモコロ
・100SHIKI
・東洋経済オンライン
・ダイヤモンド・オンライン

これらは一例ですが、自分にとって「欲しいと思うものごと」が、幅広いジャンルで多く見つかることがポイントです。

Inoreader から Evernote への保存

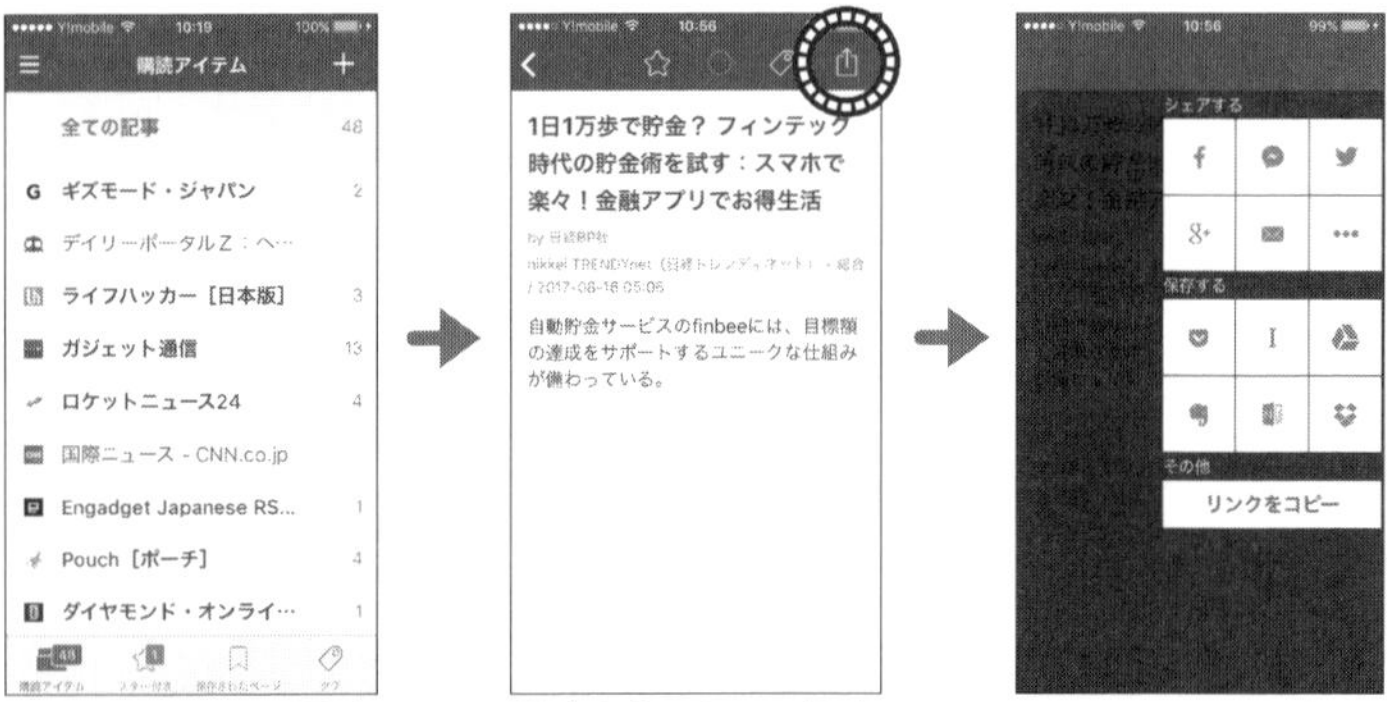

Inoreaderの記事サイト一覧画面

記事をネタとして保存するには右上のアイコンをタップ

Evernoteのアイコンをタップし、保存完了

※iPhoneの場合

僕の場合は、流行っているものごとの情報から技術の情報、そして面白い話題など、自分の欲求を刺激する情報が多いこれらのサイトを継続的にチェックしています。

そして、「欲しいと思うものごと」を見つけたら、Evernoteに保存しておき、後でネタ帳に「一行メモ」にしてうつしかえます（「一行メモ」については52ページ参照）。


登録しているサイトの数は10〜15程度です。

これで大体1日100記事くらいを、スマホの画面をスクロールしながら、ざっと見出しを眺めるような感覚でチェックしていきます。ネタをたくさん集めなければ、と頑張って毎日時間をかけすぎると、嫌になり、続かなくなるので、**1日1ネタ見つかったらラッキー**というくらいで考えます。それが楽しみになってくれば、しめたものです。

また、登録サイトは随時、入れ替えをしていきます。このサイトからはネタが多く拾えそうだな、と思ったサイトを新しく登録したり、しばらくチェックしていても、欲しいネタが見つからないサイトは登録解除したりして、常に自分が無理なく楽しみながら、毎日時間のある時にチェックし続けられる快適なRSSリーダーとして整理をしておきます。

Twitterで探す

RSSリーダーでのニュースチェックを補完する意味で使うのがTwitterです。ツイートをチェックしたいアカウントを、僕は常時300〜400程度フォローしています。こちらも随時、読みたいアカウントを入れ替えながら、最適な状態を保っています。

Twitterを使うメリットは大きく2つあります。

1つ目は、ニュースアカウントだけでなく、**考え方に興味のある自分の友達や著名人などのアカウントをフォローしておくことで、その人たちがチェックし、リツイートした情報を見られること**です。誰かが自分の知らない情報を見つけてつぶやいた投稿を見て、自分もそれが欲しいと思ったら、ネタとしていただきます。さらに、日々思いついたことをつぶやいている人もいるので、そのつぶやきからも、欲しいと思ったネタを見つけてメモさせていただくこともあります。

2つ目は僕がよく使っているテクニックなのですが、Twitterの検索で、**「したい」「欲**

しい」「してみたい」「やってみたい」というワードを検索し、ヒットしたつぶやきを見て、いろいろな人の欲求を知ることです。これは、ニュースにはない貴重な情報です。

試しに今、それらのワードで検索してみると……、

「アイドルをプロデュースしたい」

「ペアルックやってみたい」

というようなつぶやきが見つかりました。このように、見つけた欲求をもとに、「僕ならこんなものがあったら欲しいな」と思うネタが思い浮かんだら、

・アイドルプロデュース1日体験サービス

・夫婦でペアルックイベント

というようにメモします。

Twitterは、いろいろな人の欲求を見つけてヒントにできる絶好の場所なので、ぜひ活用してみてください。

ちなみに僕のアカウントは@simpeiideaなので、こちらで僕がフォローしているアカウントを見ることもできます。参考にしてみてください。

column

単純に他人の欲求をメモしない

Twitterなどで見つけた「欲求に関するつぶやき」のメモの仕方として、見つけた欲求をもとに、「こんなものがあったら欲しいな」と思うネタが思い浮かんだらメモすると書きましたが、これはどういうことか説明しておきましょう。

Twitterは、いろいろな人の欲求を見つけられる場です。

ただ先ほど例に挙げた「アイドルをプロデュースしたい」にしても「ペアルックやってみたい」にしても、他人の欲求であり、自分の欲求ではありません。

ですので、アイデアや企画を考える際に、自分が「欲しい」と思える企画に結びつけづらいところがあります。

このような時は、単純に見つけた欲求だけをメモしないで、**必ず、その欲求をヒントに、自分が欲しいと思うものごとが思いついた場合だけメモしておくようにします。**

先の例で言えば、

「僕は、アイドルをプロデュースしてみたいとは思わないけど、1日体験ならやってみたい」

と思ったので、

・**アイドルプロデュース1日体験サービス**

というようなネタとしてメモしました。

ペアルックも、「夫婦で参加するようなルールのイベントがあったら行ってみたいな」、と思ったから、

・**夫婦でペアルックイベント**

というような書き方をしたわけです。

あくまでも人の欲求はヒントです。

自分の欲求を大切にしてください。

03

リアルな場にもネタは豊富に転がっている

店頭やパッケージはヒントの宝庫

Webや雑誌、新聞などのいわゆる情報メディアと同じくらい、僕が活用しているのは、「販売店」です。いろいろな店舗を観察することから得られる情報量は膨大です。何度も言ってきたように、メモするのは「欲しいと思うものごと」です。お店は、商品を売るために存在しています。

自分が買いたい商品から、自分にはほとんど関係のない商品まで、実にジャンルはさまざま。そのような、いろいろなお店で、「これは買いたい」「これは買いたいと思わない」というように判断をしながら商品を見ていくことで、たくさんのネタを集めることができます。

特に大きなヒントになるのは、商品のパッケージです。

パッケージは、その商品を企画開発した担当者が、知恵を絞り抜き、その商品のよさが一番伝わる方法を考えてつくったものです。それを見て、もしその商品を「買いたい！」と思ったのなら、それはパッケージの効果なのかもしれません。

パッケージに書かれてある一行のコピーが欲求を刺激したのか、ロゴデザインが欲求を刺激したのか、あるいはパッケージの形状や素材が欲求を刺激したのか……。

それを買いたいと思った理由は何なのかがわかっていたら、一緒にメモしておくのもいいでしょう。

人との会話の中にはネタがたくさん

また、他人と食事しながらする会話の中からも、貴重なネタをたくさん拾うことができます。特に僕の場合は、面白い人と出会ったら、よく2人きりで食事に行きます。つまり、「さしめし」です。

相手が1人だけだと、自分が聞きたい話を充分に聞くことができます。そこで必ず聞くのが、**相手が好きなことやハマっていることとの話。そこから、自分以外の人が「欲しいと思うものごと」を知る**のです。

その人が最近買ったものや欲しいもの、仕事でやりたいことや将来の夢、などの話をさせていただき、その中で、「確かに、それは欲しい！」「やってみたい！」などと共感した新情報があれば、スマホにメモします。話しながらスマホを開くのは失礼に当たる場合もあるので、相手によって「メモしてもいいですか？」とちゃんと聞いてからメモするようにしています。

また、情報漏えいに当たらない範囲で、今自分が考えている企画やアイデアを、相手に欲しいかどうかさらっと聞いてみることもします（詳しくは120ページ参照）。「こういうものがあったら欲しいですか？」と聞いて、その時に相手が気を使って「欲しい、ですね……」と答えるか、食い気味に「欲しい、欲しい！」と答えるかで、企画やアイデアの良し悪しがわかってしまいます。

もしかすると、いろいろな人と話し続け、メモし続けることが、一番手っ取り早い企画のつくり方なのかもしれません。

まったく興味のないジャンルの情報も見てみる

また、これは上級テクニックなのですが、知らないことの中にある「欲しいと思うものごと」の情報まで集めることができると、ネタ帳はさらにパワーアップします。

たとえばＷｅｂ記事の見出しを見ていても、店頭で商品を見ていても、やはり集めたいと思って目に飛び込んでくるのは、自分が好きなタイプの情報に偏っていってしまうものです。しかし、自分がやりたいことに直接関係がないジャンルの中にも、自分の欲求が刺激される情報を見つけることがありますし、新しい領域を深く知っていくことで、自分の知識や発想の幅を広げていくこともできます。

特に、見てみてほしいのは、本当に自分にはわからない見出しのニュースです。これは、ネットでも新聞でも雑誌でも構いません。いったい何のことだろう、と思うことがあれば、それは飛び込んでみるチャンスだと思ってください。

そして、内容を読んでみる。その中に、「欲しいと思うものごと」があれば、それをネタとしてピックアップします。

これをやることで、自分が欲しいと思うものごとの幅を新たに広げることができ、新しい企画が生まれる可能性も広がります。

僕の経験からお話しすると、ある時、「カップリングフレグランス」というワードが見出しに入った記事をWebで見つけたことがありました。

何のことかわかりませんでしたが、言葉の感じから、香りに関する美容系の女性向け記事かなと想像しました。僕は正直「美容」ジャンルにはあまり強い関心はありませんし、普通に考えたら中身を読まずに素通りする記事なのかもしれません。

しかし、普段は関心が薄い領域こそ、まったく新しい発見ができるチャンスの場所と捉え、あえてその記事をクリックし読んでみました。

すると、「カップリングフレグランス」とは、男女で違うタイプの香水を使い、お互いの香りを楽しむとともに、その2つの香りのハーモニーも楽しむことであると知りました。僕はそのこと自体をやってみたいという欲求は持ちませんでしたが、そこから、「もし自分の彼女が、自分のために香水を一生懸命選んで会いに来てくれたら、その気持ちがうれしいな」という、今まで考えたことがなかった欲求を発見しました。

男性が思う、「女性にこうして欲しい」という欲。このような欲がヒントとなり、男性ウケする女性向け商品を開発できる可能性につながっていくわけです。

仕事をしていると、時には、自分の興味とまったく関係のないジャンルを担当しなければならなくなることがあるでしょう。

それは難しいことのように思えますが、チャンスでもあるのです。**興味がない人にも「欲求」を持たせられる要素を発見できれば、そのネタはどんな人にも喜ばれる企画に大化けする可能性があります。**

04

頭に浮かんだネタも逃さない

ふと浮かんだ「欲しいと思うものごと」もネタである

ここまでは、Webやリアルな場所からネタを集める方法をお話ししてきましたが、ある時ふと頭に浮かぶ思いつきの中にも、「欲しいと思うものごと」があるはずです。

ネタ帳には、あなたのアンテナに引っかかったネタをメモするのと同様に、このような突然浮かんできた、とりとめもない思いつきもメモしていく必要があります。

なぜなら、それらはあなたにとって「こんなものがあればいいのに、なぜないんだろう」というような重要な気づきであって、しかもそれは、世の中のどこにもない貴重なネタだからです。

たとえば、僕はある日ふと、

「名刺を交換しまくるイベントや交流会はたくさんあるけど、そういう会は、一つひとつの名刺がどんな人のものだったかもなかなか覚えられないし、あまり意味がないことが多いなあ。もしも、1枚だけしか名刺交換をしてはいけないルールで交流会をやったら、すごく貴重な出会いが生まれる可能性があるんじゃないだろうか。ビジネスのねるとん※パーティみたいに、告白して名刺交換するとか……」

というようなことを思いついたことがありました。

これは、何かで知った情報ではなく、ふと思ったことですが、自分自身でもそういうことをやってみたいと思ったので、メモを取っておく必要があります。こんな時は、

1枚しか名刺交換できない「ビジネスねるとん」

こんな書き方をします。

これも立派なネタです。

あなた自身が欲しいと思ったものごとは、実在するものでも、こんなものがあったら欲しいという想像のものでも、後々アイデアづくりに使える貴重なネタになります。

思いつきをメモするには少しテクニックを要しますが、それは後に詳しくお話しするとして（58ページ参照）、まずは日常のさまざまなシーンから、貪欲に「欲しいと思うもの

ごと」を探し、その中で頭に浮かんだ「あったら欲しいな」「買いたいな」という思いつきもネタ帳に書きためていくように意識してください。

その結果、できあがるネタ帳は、外部から見つけたネタと、内なる欲求から思い浮かんだネタが混在しているものになります。これも整理する必要はありません。

とにかく自分のあらゆる「欲しいと思うものごと」を列記してためていき、ネタ帳を日々パワーアップさせていくようにします。

※ねるとん…１９８０年代後半から90年代半ばまでフジテレビ系列で放送。お笑い芸人のとんねるずが司会を務めた素人参加の集団お見合い番組で正式な番組名は『ねるとん紅鯨団』。「ご対面」「フリータイム」を経て最後は男性が女性に対して告白する「告白タイム」で構成され、意中の女性に他の男性が告白しようとする時に発する「ちょっとまった」コールは番組を大いに盛り上げた。その後、番組タイトルの「ねるとん」は集団お見合いパーティの代名詞となった。

column

気持ちに気づく癖は
メルマガ（ブログ）でつけろ

僕は週一回ペースでメルマガを発行しています。ここでは、日常で起こった出来事や感じたことを日記のように綴りながら、どんな欲求を持ったか、そして、そこからこんなものがあったらいいな、というように思いついた取りとめもないネタを書いています。読者に配信されるメルマガであるため、必ず週一で発行しなければならないという、**自分に対する強制力があります。**

メルマガのトピックを探す意味でも、日頃感じた欲求を書きとめておく癖がつきますし、自分が感じた欲求を発信する媒体を持っておくと、ネタ探しを楽しんで継続できるようにもなります。個人的には、定期的にメルマガを発行して、サボれないようにする形が一番おすすめですが、ＳＮＳ、ブログなど、自分に合う方法で発信を続けながら、ネタ探しをしてみるのもいいでしょう。

05 ネタ帳はいつでも、どこでもアクセス可能なものにする

ネタ帳をスマホ×Evernoteでつくる

ここまで、ネタ集めの方法を説明してきましたが、そもそもネタ帳（メモする先）をどこに持てばいいのでしょうか？

ネタを効率よくメモし続けるためには、人それぞれ自分に合った方法を見つけることが重要です。僕がこれまでいろいろと試してみた経験から言うと、**どこからでもアクセスできる1か所のネタ帳を持つのがベスト**です。

先にも少し書きましたが、僕のネタ帳は現在「Evernote」になっています。スマートフォンとPCにアプリケーションをインストールし、ネタを見つけたり、頭に浮かんだり

したら、Evernoteの中の「ネタ帳」にただ打ち込むだけです。

そのネタが、どんな種類のネタであるか、などはまったく分類しません。「欲しいと思うものごと」を、ごちゃまぜに列記します。日付で分けるなども必要ありません。自分が後で見返した時に意味がわかるように、書き連ねるだけです。
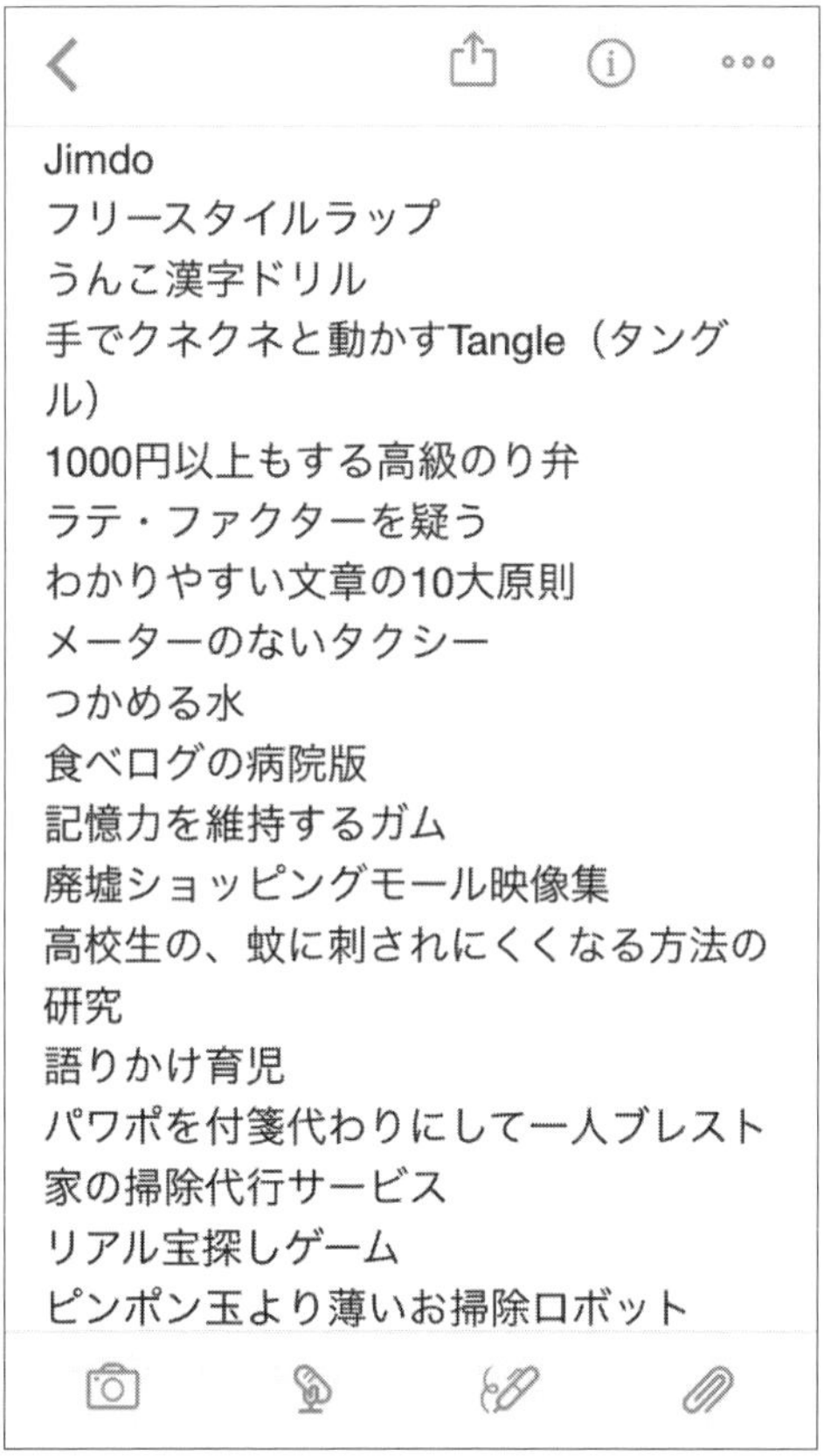
Jimdo
フリースタイルラップ
うんこ漢字ドリル
手でクネクネと動かすTangle（タングル）
1000円以上もする高級のり弁
ラテ・ファクターを疑う
わかりやすい文章の10大原則
メーターのないタクシー
つかめる水
食べログの病院版
記憶力を維持するガム
廃墟ショッピングモール映像集
高校生の、蚊に刺されにくくなる方法の研究
語りかけ育児
パワポを付箋代わりにして一人ブレスト
家の掃除代行サービス
リアル宝探しゲーム
ピンポン玉より薄いお掃除ロボット

こうして雑記するように書く理由は、二つあります。

第一に、楽である。ネタ帳をいちいち整理することに時間をかける必要はありません。とにかく、ネタをメモすることの手軽さと素早さ、そして後で整理しなおすなどのわずらわしさがないシンプルな方法にします。そうしないと、整理するという作業自体に時間を取られて面倒になり、ネタ集め自体が続かなくなってやめてしまうという残念な結果を招くことになってしまいます。

もう一つ重要な理由があります。それは、**「いろいろなネタを材料にして、化学反応を起こしたほうが、いい企画がつくれる」**ことです。

ネタ帳を整理しすぎると、後々そこからいろいろなお題に関する企画のヒントを引き出す時に、そこで起きていたかもしれない化学反応を捨ててしまう恐れがあります。

たとえば、ゴシップ関連記事の「浮気防止法」という見出しを見て、それをネタとしてメモしたとします。このようなネタは、大人向けグッズを考える場合は比較的つながりやすいでしょう。

しかし、幼児玩具の企画を考えている時に、このネタがヒントになって、浮気を防止する幼児玩具のアイデア（たとえば下図のようなもの。実現するかどうかはわかりませんが……）という斬新な発想が生まれるかもしれません。この時、もしネタの種類をカテゴリー分けなどして整理していたら、新しい組み合わせが生まれる可能性が低くなってしまいます。

幼児玩具を考える時に、大人向け雑貨に役立ちそうなイメージでメモしていたネタを使う。そこに発想のブレークスルーの可能性があります。

ですので、一つのお題に関して、さまざまな種類のネタをヒントとし、アイデアを考えられるよう、ネタは整理することなく、ごちゃまぜのままメモしておきましょう。

浮気・不倫防止の幼児玩具

特徴

パパとママが２人で操作しないと動かないパペット

↓

手をつなぐことが必然になるので夫婦の愛情も深まる

06

ネタをメモする方法はたったの3種類

「一行」にも書き方がある

「ネタをメモする」時は、基本的にひとネタ一行のメモにします。ただ、この「一行」にも書き方があります。僕はこの「一行メモ」の書き方を次の3種類に分けています。

1. 検索すれば完全にわかるネタのメモ
2. 検索して、情報のどこを見ればいいかわかったほうがいいネタのメモ
3. 検索してもわからないので、後々思い出せるようにするネタのメモ

それでは、順に説明していきましょう。

検索すれば完全にわかるネタのメモ

たとえば、「商品」「サービス」などで面白いものがあった時は、その商品名やサービス名だけを単純にメモします。今はとても便利なインターネットの検索があります。後でネタ帳を見返して、その言葉を検索したら何のことかが完全にわかるのであれば、名称をメモしておくだけで大丈夫です。

随分前に、「Uber（ウーバー）」や「Airbnb（エアビーアンドビー）」のことをインターネットの記事で知り、「使ってみたいな」と思った時は、ただEvernoteに

Uber

Airbnb

と書いただけでした。

ご存知の人も多いでしょうが、Uberは2009年にアメリカで生まれた、スマホアプリを使った自動車配車サービス、Airbnbはいわゆる民泊のマッチングサービスです。

2つとも今では有名になったサービスですが、初めて知った当時は、忘れないように
と、名称をメモしておきました。
ただし、メモするだけでなく、その後に必ず検索してみます。そして、サイトを見るな
どして、そのネタを検索すれば何だったか思い出せるな、と確認できたら終わりです。
ちなみに、UberもAirbnbもスタンダードになった今、これらのメモは必要ないかと言
えば、まったくそんなことはありません。「欲しいと思うものご
と」は、いつまでも、いろいろな企画づくりに役立ちます。

Uberでいうとこんなことがありました。
おもちゃの販促企画を考えたい時にネタ帳をざっと見ている
と、ずいぶん前に書いた「Uber」というメモを発見。クリスマ
スに、Uberと近い仕組みでサンタクロースの世界観を実現させ
られないか、と思ったのです。
名づけて「みなサンタ」。
これは、個人のドライバーが飲食店のメニューを宅配する

「UberEATS」と似たような仕組みで、クリスマスの日に、サンタクロースになってくれるドライバーが衣装を着て、車でプレゼントを届けて回るような仕組みがつくれないかな、と想像したものです。

このように、「買いたい」「使いたい」「やりたい」と思ったネタを、思いがけないお題に「かけ合わせ」て、アイデアが生まれることもあるわけです（「かけ合わせ」については第2章で解説します）。

検索して、情報のどこを見ればいいかわかったほうがいいネタのメモ

次に、そのネタの「どの部分が今後ヒントになりそうだと思ったか」までメモしておいたほうがいい場合のメモの取り方を説明しましょう。

たとえば、ある製品を店頭で見かけて、そのパッケージデザインが、「思わず商品が欲しくなってしまういいデザインだな」と感じたら、

○○○（商品名）のパッケージ

という感じでメモしておきます。

ネタ帳をざっと見ている時に、パッケージデザインも考えたいならそれを検索しなおせばいいし、まだパッケージデザインのことを考えなくてもよい状況の時は、そのネタは飛ばしてしまってもかまいません。近いうちにこれは絶対に見返すネタだな、と思ったら、URLもコピーして貼り付けておいたりします。


ちなみに僕が2017年に企画開発し、発売したカードゲーム『民芸スタジアム』のパッケージデザインも、実はある商品のパッケージを参考にしています。

ポイントは側面です。

カード全種を側面にあしらい、買ったら魅力的なカードが一気に手に入ることをさりげなく伝えたのです。

参考にしたのは、『ジャイアン猛言トランプ』という商品で、パッケージの裏面に内容物をずらっと並べて、買った時にカードがたくさん手に入る嬉しさをイメージさせるようなデザインをヒントにしました（ちなみに僕はこの『ジャイアン猛言トランプ』を見た瞬間、即座に購入しました）。

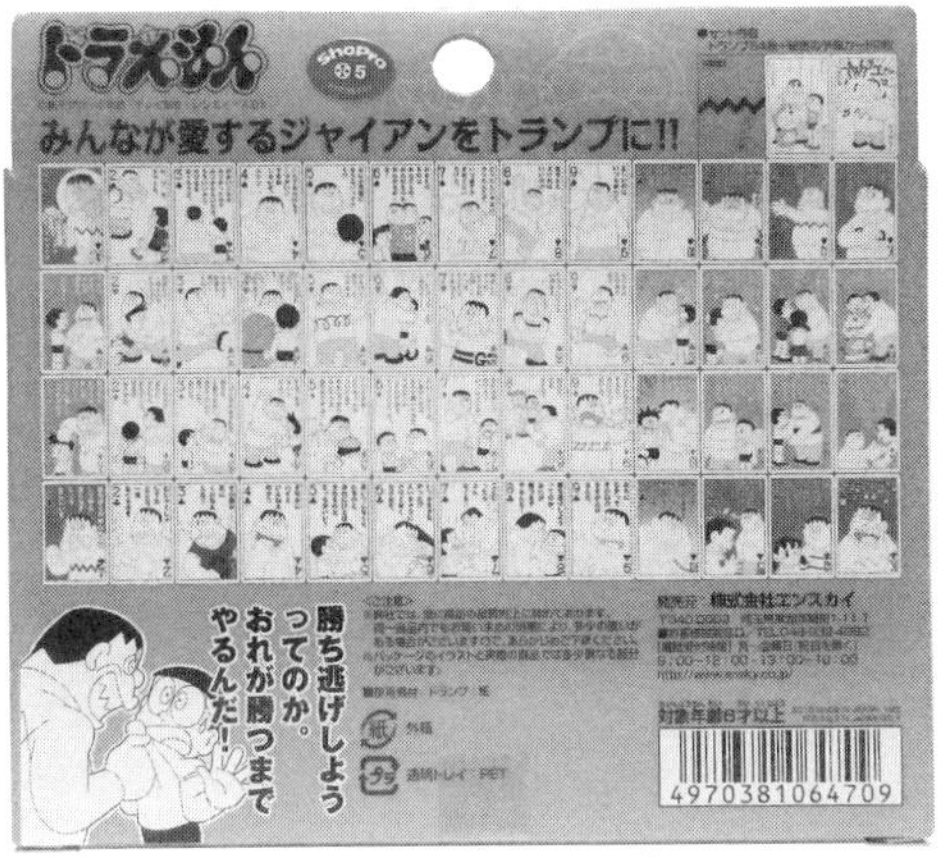

「ジャイアン猛言トランプ」

（発売元：エンスカイ）

裏面にカードデザインが並べられていて、これが全部セットで手に入るというボリューム感と嬉しさが伝わる。

「民芸スタジアム」

箱の上蓋の側面4面に、ずらりとすべてのカードの絵が並べられている。商品のボリューム感を伝える手法を参考にさせていただいた。

そのネタの「ここが、あとで参考にしたいポイントだった」という部分が明確なものに関しては、そこまでを書いておくようにします。

カラーリング、キャッチコピー、内容物の一部……。どこが自分にとっての「ネタ」なのかを書きとめておくと便利です。

検索してもわからないので、後々思い出せるようにするネタのメモ

最後のパターンは、特に自分の頭にふと浮かんだ思いつきをメモする場合。つまり、検索しても見つけることができない自分だけの考えをネタとしてメモする時に使います。

たとえば、カフェで仕事している時。硬い椅子で腰も痛く、PC作業で肩も凝る。

「誰かマッサージしてくれないかな〜」と、ふと思う。

「クイックマッサージに行こうか。でも、そのあとまたカフェに戻ってくるとしたら、もう一回お茶を注文するのもなあ。

いっそ、クイックマッサージとカフェが一緒ならいいのに。

じゃあマッサージカフェがあればいい？　それも、マッサージだけしてもらうんじゃなくて、肩をもんでもらいながらPC作業ができるような……。

しかも、その人がかわいい女子で、頭がよくて、仕事の相談とか、悩み相談に乗ってくれるとかだとうれしいなあ！」

と、発想が広がったとします。このように、自分の頭に浮かんだ思いつきのネタをメモに書きとめるならば、

肩もみカフェ　女子が仕事の相談にも乗ってくれる

という感じです。

頭に浮かんだ（思いついた）ネタは、自分で後から見た時に、確実にその意図を思い出せる範囲までメモする必要があります。

あまりにも長々と説明をメモすると時間もかかるし大変です。このように、概要と、欲しい理由などを思い出せるようにできるだけ簡潔に書くというスキルは、少し練習が必要かもしれませんが、身につけておいたほうがいいでしょう。

これは「欲しいと思うものごと」の情報を、いかに短い言葉で未来の自分に伝えられるかの訓練のようなものです。

この要約がスムーズに出てくるネタは、後々材料として企画に落とし込んだ時に大化けする可能性があります。**企画は、短い言葉で内容が伝わり、「欲しい」と思わせられるものほど、伝播力を持った強いものになります。**いい企画の材料になるネタを探すという意味でも、短く要約するメモ技を訓練してみましょう。

07 どんな時でもネタを即メモする技術

一瞬で消える思いつきはもったいない

そもそも、ネタ帳をつくる理由は何かというと、頭の中に保管できない企画の材料を、いつでも取り出せる場所に一覧にして置いておくということです。

脳はすぐにものごとを忘れます。

いくら新しい情報を知ったとしても、どんどん頭から抜けていくのでは意味がありません。これからたくさんの企画をつくっていくためにも、有益なネタを即座に「メモ」で捕まえる習慣を身につけていきましょう。

放っておいても、脳は四六時中いろいろなことを考えているもので、ある時にふと面白い思いつきが浮かんだりします。それを油断してそのまま放置すると、その思いつきはびっくりするくらい早く消えてしまいます。

最終的にものすごい企画のもとになるかもしれないネタが消えてしまうのは、恐ろしくもったいないことです。

消えてしまったネタには、何千万円、何億円の価値があるかもしれません。

たとえば僕が「∞プチプチ」のアイデアを思いついたのは、企画会議の前日、しかも夜遅くのことでした。

実は次の日の会議に提出する企画があまり納得いくものでなく、「どうしたものか」とオフィスを歩いているうちにたまたまプチプチのロールを発見。「ずっとプチプチしていたら気持ちいいだろうなー」と思った時にひらめいたのです。

当時はスマホもなかったので、急いでデスクに戻り、そのひらめき（ネタ）をメモし、そのまま簡単な企画概要を一気に書き上げました。これを、頭に浮かんだまま放置していたら、そのまま忘れてしまい、大ヒット商品は生まれていなかったかもしれません。

また、ここまでEvernoteを使うことを推奨して説明をしてきましたが、実は僕が今使っているスマートフォンでEvernoteを起動すると、立ち上がりに数秒かかり、そのうちに、何をメモしようとしたか忘れてしまうことさえあります。

そのため、頭にすごくいいネタが浮かんだ時は、メールソフトを起動して、とりあえず打ち込むこともあります。原始的だと思われるかもしれませんが、そのくらい、見つけたネタを忘れないようにすることは重要です。

お風呂とベッドの一瞬の思いつきを逃がさない

ネタを忘れる（失ってしまう）ことが最も多く起こるのは、お風呂とベッドです。

一生懸命アイデアを考えて脳がごちゃごちゃになった後、お風呂に入ったり、布団に入ったりしてリラックスすると、不思議と頭が整理され、ふっと新しいアイデアを思いつくことがあります。

なぜ、考え抜いた後で一旦リラックスした時に思いつきが生まれるのか、詳しくはわかりませんが、実際そういうことがよく起こります。

ここで、その思いつきを放置すると、本当に一瞬で消えてしまいます。

ベッドでの思いつきは枕元にスマホを置いておけば対応できますが、難しいのはお風呂です。

僕の場合はお風呂の壁に、子供のお絵かき用の、お風呂で使えるホワイトボードを貼っていて、何か思いついたらすぐ書きとめるようにしています。

ものすごいお宝になるかもしれないネタは絶対に逃がさないようにしましょう。

会議中に浮かんだ思いつきを付箋で捕まえる

会議中、いろいろな人が意見を言っている間に、自分の頭にもいろいろな考えが浮かび、話すタイミングを探しているうちに、その考えが消えていってしまう。そんな経験をしたことはないでしょうか？　それも、とてももったいないことです。

会議で発言することが苦手な人もいます。しゃべるタイミングがなかなかつかめずに、おろおろしてしまう。そんな時は、もしタイミングが来たら言おうと思ったことをメモしておきます。

僕の場合は、**会議中、人が話している時に思いついたことを付箋に書いて、「弾（たま）」として自分の前のデスクに貼っておくというテクニックを使います。**

これは、会議の臨戦態勢メモです。しゃべるタイミングがなくなって、その思いつきが消えてなくなってしまわないように、付箋に書いて目の前に貼っておくのです。そして、たとえば議論が停滞した時にそれを発言する。もしくは、発言しないで持ち帰り、自分のネタにしてしまうこともあります。

また、目の前に付箋をペタペタ貼っていれば、誰かが「それ何？」と突っ込んでくれることもあります。そうして発言機会を得て、みんなに自分の考えを共有し、そこから話を膨らませていくということもできます。

ぜひ、会議中も自分の頭の中の思考を意識し、メモする訓練を始めてみてください。発言するのが苦手でも、議論に貢献できますし、自分のネタ帳に書きとめるような、欲しいと思うネタも会議の中から見つけることができます。

さて、ここまでの第1章では、見つけたり、頭に思い浮かんだりしたネタ（欲しいと思うものごと）をメモしてストックし、自分だけのネタ帳をつくる技術をご紹介してきました。

次の章では、いよいよ、ストックしたネタを使って、企画の原案となるアイデアを量産していきます。ポイントは「かけ合わせ」。では、とても楽しい「アイデアづくり」へと進んでいきましょう。

第2章

アイデアを量産する「かけ合わせメモ」

01 ネタ帳を使って、企画のアイデアをどんどんつくり出せ！

企画のつくり方を教わったことはありますか？

ネタ帳を持ったとしても、そこからいきなり完成された企画をつくることはできません。まず、企画の「原案」になる**アイデア**を考える必要があります。この第2章ではその方法を説明していきましょう。

企画のつくり方を簡単に言うと、まずアイデアをたくさん考えて、その中から選んだいいアイデアをもとに、人々に価値を与えられる具体的な方法を考え出す、という流れです。

つまり、アイデアとは、これから企画になるかもしれない前段階のものであり、実現できるかできないかにとらわれない、もっと自由で楽しい発想、というように考えてもらえるといいでしょう。

マーケティング理論より大切なこと

ビジネスの企画をつくり、顧客に価値を与えて効率よく収益を生む状況をつくり出すことを「マーケティング」と言います。マーケティングの基本的な流れは、

1. 環境分析→今の市場の状況を把握する（3C、SWOTなど）
2. 基本戦略→環境分析をもとに戦い方の方針を決める（セグメンテーション、ターゲティング、ポジショニングなど）
3. 具体的施策→基本戦略を進めるために何を実施するかを決める（4Pなど）

です。このようなマーケティングの基礎は、一度は学び、実践する機会のある人も多いでしょうし、これについての教科書的な本はたくさんあります。

マーケティングを順序立てて考えることは重要かもしれません。

しかし、僕の考え方で肝心なのは「結局、何をやるか」。つまり、その企画で提供するものごとが、どれだけ人の欲求を満たすかです。いくらマーケティングの理論に沿って考えても、最終的アウトプットがそれほど人に求められないものになってしまっては意味がありません。

僕は、むしろ最初からマーケティングの理論に沿って考えすぎると、強力なアウトプットが出なくなり、企画がつまらなくなるとさえ思っています。

また、マーケティングは教科書通り学ぶことができますが、企画やアイデアはそう簡単にはいきません。僕自身も、社会人1年目で商品企画担当になりましたが、明確に企画のつくり方を教わったことはありませんでした。

なぜなら、企画やアイデアというものは個人のセンスに頼るところが大きいと考えられているからです。実際にそれができる人もいるかもしれません。しかし、そう言われると、できない人はできないままで困ってしまいます。

企画やアイデアをつくるにはセンスが必要、と考えるのは間違いです。

あなたが立ち向かう「お題」にネタ帳を活かす

仕事をしていたり、日常生活を送っていたりすると、誰の目の前にも、解決しなければならない「お題」が現れます。

仕事で言えば「売れる商品企画を考えろ」「売るためのプロモーション施策を考えろ」「業務改善案を考えろ」……、といった具合でしょうか。趣味、学問、家庭などにも、いろいろなお題があるでしょう。

ただ、第1章をお読みいただいた皆さんは、自分が欲しいと思うものごとの情報が列記されているオリジナルの「ネタ帳」の存在を知っています。ネタ帳は一朝一夕にはつくれませんが、楽しみながら自分のネタ帳を進化させていけば、それは企画を考える人にとってどんどん強力な武器に育っていきます。

このネタ帳さえあれば、企画のもととなるアイデアは簡単に量産できてしまいます。

では、次項からその方法を、説明していくことにしましょう。

02 アイデアはダメでもいいから数を出す

アイデア発想の3大原則

企画の原案になるアイデアの発想法には〝3大原則〟があります。
これは、僕自身が経験則をもとにまとめた3つの原則で、次のようなものです。

1. アイデアは、「考えたいお題」×「ネタ（欲しいと思うものごと）」で発想する。
2. アイデアは、質より量である。
3. アイデアは、ダメなものから率先して出し始める。

1は、アイデアのつくり方の基本です。企画の原案になるアイデアをつくる場合には、お題に、ネタ（欲しいと思うものごと）の情報を自由にかけ合わせ、人の欲求を刺激するアイデアを考えていきます。ただ、このやり方について詳しくお話しする前に、アイデアを生み出す際に重要な考え方となる2と3を説明しておきましょう。

アイデアは質より量

まず2の〝質より量である〟ですが、これはアイデア発想の絶対的ルールです。

よく、「アイデアを考えろ」という指令を受けたり、「考えなきゃ」という使命感に追われたりする中でアイデアを考え始めると、頭が真っ白になって何も思いつかなくなる、ということが起こります。皆さんも身に覚えはないでしょうか？

これは、「いいアイデアを探しているから」そうなってしまうのです。

アイデアを考えろと言われると、人は、つい「いいアイデアを考えろ」と言われたように感じてしまうものです。事実、意味としてはそう言われている場合が多いかもしれません。企画術のセミナーなどで講師をしている時、初めに、「アイデアを考えるのが得意な人は挙手してください」と言うと、ほとんど手が挙がりません。これも「アイデア＝いいアイデア」だと思ってしまっている現れです。

断言しますが、**いいアイデアをいきなり探しても見つかりません。**

僕もプロとして企画という仕事を十数年もやってきていますが、いいアイデアを考えようとして即考えられたことなど一度もありません。

初めからいいアイデアを見つけようとすることが、そもそもの間違いです。いいアイデアを見つけたいなら、まず、10個、20個、30個……と、アイデアの数を出していくことが必要です。これが、いいアイデアを見つけるための何よりの近道であり、練習さえすれば誰にでもできるようになる唯一の方法です。

100個中1位のアイデアは100人中1人の合格者と同じ

いいアイデアをいきなり探し始めようとすると、自信がなくなったり面倒になったりして、結果的に思考は停止します。

しかし、何でもいいから思いつく限りのアイデアを出し続け、仮に100個のアイデアを出すことができたなら、その時点で、あなたは100個中1位のアイデアを手に入れたことになります。もしこれを100人中1人しか合格しない試験だと考えると、その1人は相当にすごい人です。選択肢の母数が多ければ多いほど、その中の一番いいアイデアは、それだけで優れたアイデアなのです。

もちろんすぐにアイデアを100個も出せるようになるとは言いません。しかし、いいアイデアを一発で見つけ出すことに比べたらはるかに確実で、誰でもできる、楽な方法です。皆さんにはこれを実践してほしいのです。

僕も、最初にクリエーターとして仕事を始めた時は、ろくにアイデアを出せませんでした。やはり「いいアイデア」ばかりを探して思考が停止していたのです。ただ、ネタ帳を活かし、本書で説明するアイデア発想法を実践していくと、1時間程度で100個のアイデアを出すことなど簡単になります。

その中のアイデアはほとんど使えない、ダメなアイデアばかりです。しかし100個中1位のいいアイデアは確実に手に入れられます。

むしろダメなアイデアから考える

原則の3番目、〝ダメなものから率先して出し始める〟は、2の「質より量」を実行するためのルールです。

先にも説明したように、最初に少しでも、「いいアイデアを出したい」という意識があるだけで、発想にブレーキがかかります。

たくさんのアイデアを出そうとする時、一つ目に書くアイデアは、たとえば、

「すでに世の中にあるもの」

「普通すぎるもの」

「ドラえもんの道具レベルの夢のようなもの」

など、「いいアイデアではないよね」「どうせムリだよね」というダメなアイデアをあえて書くようにするといいでしょう。

そして、このダメなアイデアをもとに「ちょっとだけ変えてみたら？」「逆に考えてみたら？」「ちょっとだけ現実に寄せてみたら？」と、少しずつ視点を変えて考えてみることで、２つ目、３つ目とアイデアが出やすくなったりします。

人は、意識しなくても、どちらかというといい方向に考えを修正してしまうものなので、まずはアイデアを出し始め、数をどんどん増やしていくことが何よりも重要だと考えてください。それさえ始められれば、アイデアを少しずつずらしていくことで「あれ、ちょっといいかも」「すごくいいかも」というアイデアが一つ、また一つと、頭の中に浮かんでくるはずです。

実際にこれから紹介するアイデア発想法の「かけ合わせ」を行っていくと、自分でもまったく意味がわからないアイデアや、実現不可能なアイデア、そもそものお題と完全に外れてしまったアイデアなどもたくさん出てきます。その自然と頭に浮かんでくる発想にブレーキをかけてはいけません。

アイデアをつくる段階では、むしろダメなアイデアから率先して出すつもりで、どんどん思いついたアイデアを書いていってください。

03

アイデアは「考えたいお題」×「ネタ」でつくる

かけ合わせの基本形を知ろう

企画のもとになるアイデアは、

「考えたいお題」×「ネタ」

の**かけ合わせ**でつくります。


たとえば、あなたが今、新しいヘルスケアアプリを考えなければならない状況にあるとしましょう。それは、会社の指示かもしれないし、自分がやりたい事業かもしれません。とにかく、あなたは大勢の人に使ってもらい、価値を提供できるアプリをつくりたい、と考えています。

この場合、お題は「ヘルスケアアプリ」です。このお題と、あなたのネタ帳に書かれているネタをかけ合わせて、アイデアをどんどんつくっていくわけです。

どんなお題に対して、どんなネタをかけ合わせるかは、結論だけ言うと「何でもいい」です。詳しくは97ページで解説しますが、**さまざまな「欲しいと思うものごと」を、選別せずに次々とかけ合わせていくことで、新しいアイデアがどんどん増えていきます。**

では実際にやってみましょう。たとえば、ネタ帳の中に、「家の掃除代行サービス」と書かれていたとします。おそらく、家を一度ピッカピカにしたいという欲求から、欲しいと思ってメモしたひとネタだったのでしょう。

これを「ヘルスケアアプリ」というお題とかけ合わせると……。

「ヘルスケアアプリ」×「家の掃除代行サービス」＝？

さて、何が出てくるでしょうか。僕が今一つ目にパッと思いついたアイデアは、

「パーソナルトレーナーを気軽に呼べるアプリ」

というものでした。

家の掃除代行サービスはたくさんあり、今やアプリで予約しさえすれば、ハウスキーパーの方が来てくれて、家中をキレイに掃除してくれるような時代になりました。

それと同じように、「トレーニングをサポートしてくれる人が、アプリから予約するだけですぐに自宅に来てくれるというサービスはどうだろうか」というような発想の流れでこのアイデアが出てきました。このアイデアがいいアイデアか、現実的か、などは置いておいて、一つのアイデアを瞬時に、直感的に思いついたわけです。


今、簡単に発想の流れを書きましたが、そんな風に考えられないという人もいるはずです。しかし、ご安心ください。このような発想はやり方さえわかれば簡単にできます。では、もう少し詳しく説明していきましょう。

そもそも「かけ合わせ」とは何か

「かけ合わせ」でアイデアをつくる時の僕の頭の中は次のようになっています。

まず、材料にするネタの「欲しいと思う理由」を思い浮かべます。つまり、そのネタを「なぜ欲しいと思うのか」を考えていくのです。先ほどの「家の掃除代行サービス」で言うと、これをメモした時に、「使ってみたい」と思った理由は……、

・家をプロの技できれいにしたい
・ラクしたい
・奥さんにプレゼントしたい
・家を長持ちさせたい
・汚いものを触りたくない
・お金をドンと使って贅沢してみたい
・きれいなお風呂に入りたい
・家の香りをよくしたい
・カビを防ぎたい
・家族を喜ばせたい
・どんなサービスか一度知ってみたい
・もし運がよければイケメン（カワイイ）掃除屋さんと出会えるかも

など、いろいろとあるはずです。

このように一つのネタを欲しいと思う理由は、考えるとたくさん出てきます。これらを思い浮かべ、お題にかけ合わせていきます。

【お題】ヘルスケアアプリ

×

【ネタ】家事代行サービス

【かけ合わせで出たアイデア】

欲 家をプロの技できれいにしたい → **プロがエクササイズを個別指導してくれるアプリ**

欲 ラクしたい → **腰が痛くない掃除の仕方を指導してくれるアプリ**

欲 奥さんにプレゼントしたい → **フィットネスメニューをプレゼントできるアプリ**

欲 家を長持ちさせたい → **健康な体を長持ちさせる方法を紹介するアプリ**

欲 汚いものを触りたくない → **体内をきれいにしていくゲームアプリ**

お題 **ヘルスケアアプリ**

×

ネタ **「家の掃除代行サービス」を欲しいと思う理由**

- 家をプロの技でキレイにしたい ……… プロがエクササイズを個別指導してくれるアプリ
- ラクしたい ……… 腰が痛くない掃除の仕方を教えてくれるアプリ
- 奥さんにプレゼントしたい ……… フィットネスメニューをプレゼントできるアプリ
- 家を長持ちさせたい ……… 健康な体を長持ちさせる方法を紹介するアプリ
- 汚いものを触りたくない ……… 体内をきれいにしていくゲームアプリ

このように、かけ合わせるネタを「欲しいと思う理由」を、考えたいお題に応用するとどうなるかを自由に連想するのが、アイデア発想の基本になります。

ちなみに、僕がこのようにアイデアを考える時は、かけ合わせるネタの「欲しいと思う理由」を書き出してから一つずつかけ合わせていく、ということはしません。欲しいと思う理由（上図の「もやもや吹き出し」の部分）は、頭の中だけでイメージしています。そうして連想できるアイデアを、どんどん書いていきます。

ただ、初めは、「欲しいと思う理由」をノートなどに書き出してみて、一つずつ対応させてアイデアを考えてみるのもいいでしょう。慣れてきていろいろな方向性のアイデアを量産していけるようになれば、企画に落とし込めるアイデアが見つかる可能性も高まっていきます。

かけ合わせには個性が反映される

この「かけ合わせ」のやり方を言葉で説明するならば、

「お題」に対し、さまざまな「ネタを欲しいと思う理由」を応用して、新しい「欲しいと思うものごとのアイデア」を自由に連想する。

というようになります。

ちょっと曖昧で無責任な説明に思えるかもしれませんが、「自由に連想する」ことで、自分自身の経験やこだわり、嗜好が反映されていくのが、アイデアづくりの面白いところです。

また、かけ合わせで生み出すアイデアに、これは良くて、これは悪いなんてものはありません。たとえば、先ほどのかけ合わせの例にあった、

欲 汚いものを触りたくない　→　体内をきれいにしていくゲームアプリ

のように、出てきたアイデアが、そもそものネタを「欲しいと思う理由」から少し飛躍してしまったり、お題に対するアイデアとしてズレてしまったりすることもあります。それでも書きとめていくことが重要です。

「これはちょっと微妙……」というようにためらってアイデアを書きとめずに頭の中で捨ててしまうのは非常にもったいないことです。たとえばその「体内をきれいにしていくゲームアプリ」というアイデアも、後々見返したら、「ゲームを進めながら指示通り食生活を送って、実際に体内デトックスをしてくれるアプリとかがあったら、使いたいかも！」というように、新しいアイデアの連想につながる場合もあるわけです。

ダメなアイデアまでアウトプットするから、比較して、いいアイデアが「いい」とわかるわけですし、自分でも意味がわからないと思って出したアイデアが、後々化ける可能性も大いにあります。

04

「かけ合わせメモ」の書き方

かけ合わせメモはExcelでつくり、保存する

ここまで、ネタ帳をもとにしてアイデアをつくる「かけ合わせ」のやり方を説明してきましたが、実際にそのメモを、どこにどうやって書くかをお話ししておきましょう。

僕の場合、基本的に「かけ合わせ」をする場として使っているのはExcelです。

88・89ページの図のように、考えるお題を書き（入力し）、かけ合わせるネタ（欲しいと思うものごと）をEvernoteからまとめてコピーして、その下に貼りつけます。そうすると、1行1ネタの形でネタが列記されます。そして、お題とそれぞれのネタを欲しいと思う理由をかけ合わせたら、何が連想できるかを右隣の列に書いていきます。

この時、一つのネタから複数のアイデアを思いついた場合は、さらに右隣の列に書いていきます。さらに出てきたアイデアの中で、いいアイデアだと思うものは色付きセル（本書ではグレー）にしてピックアップしておきます（いいアイデアの選び方は後述します）。

このように、保存に便利であるという理由で、僕はかけ合わせメモの場所をデジタルツールであるExcelにしていますが、手書きのほうがいいという人は、ノート上などで、手書きで行うのも、もちろんＯＫです。

アイデアを書いていくメモは、自分がやりやすく、アイデアを考えやすい方法が一番です。ただ、紙の上でかけ合わせメモを書いていろいろなアイデアが生まれた場合、その記録は何らかの方法で保存しておくことをおすすめします。

どんなアイデアでも、消えてしまって、二度と自分のもとに戻ってこなくなるのは本当にもったいないことです。

アイデア

いいと思った
アイデア

	D	E
	子供と正しい手洗いを学ぶ	
	腸カメラの映像を皆で見る	町内フローラ（腸ではなく町内を元気にする）
	性格を交換するイベント	真逆な性格に変身するイベント
	早押しボタン会議	
	写真うつり勉強会	
	一番クリックしたい記事を書くイベント	
	祖父母と深く話すイベント	

	お題 A	B	C
1	100人集客できるイベント企画		
2	×		
3	泡の色が変わるハンドソープ	→	めっちゃ歯をきれいに磨くイベント
4	甘すぎない甘酒	→	腸活イベント
5	大人の数学教室	→	大人が高校の授業を受けてみる
6	ストレングスファインダー	→	強みの相性診断婚活
7	蚊を吸い込んで捕る　ウェル蚊ム	→	蚊に刺されない方法を学ぶ
8	ブログネタを考えてくれるAI	→	1か月分のブログネタをつくるイベント
9	早押しイベント　はじめてのクイズ	→	知識がなくても勝てる早押しクイズ
10	写真うつり改善練習ミラー	→	勝負写真を撮るイベント
11	おざなりとなおざりの違い　記事	→	大人の常識を小学校で勉強できる
12	The Silver Pro　祖父母への手紙	→	親と深く話すイベント

ネタ

05 かけ合わせを実践してみよう

誰でもできる「かけ合わせ」

ここから、いくつかの「お題」を出し、ネタ帳に列記された「欲しいと思うものごと」を使って、アイデアをたくさん出してみます。

読者の皆さんも、できれば一緒に頭と手を動かしてみてください。

現時点では、ネタ帳を持っていなかったり、つくり始めて間もなかったりすると思いますので、今回は、本書の巻末に掲載した、僕が普段使っているネタ帳の一部を使っていただいてもかまいません。あるいは、今から、「欲しいと思うものごと」を、インターネットや店舗から見つけてきて、10個ほどネタ帳に書いてみてもいいでしょう。まず使うネタが10個ほどあれば大丈夫です。

「新しいペンケース」のアイデアを考えよう

では、一つ目は商品開発を想定したアイデアを出してみます。

皆さんは、メーカーの企画開発担当者です。会社の方針で、ペンケースの新商品を開発するというミッションを与えられました。

つまり、ここでのお題は「ペンケース」です。

僕のネタ帳を使って、企画の原案となるアイデアを量産してみます。

まず、ネタ帳に書かれていた一つ目のネタ、「泡の色が変わるハンドソープ」をお題にかけ合わせてみます。

このネタを「欲しいと思う理由」を頭の中で想像しましょう。そしてそれをお題にかけ合わせ、アイデアを連想していきます。すると、次のようにアイデアが出てきます。

【お題】ペンケース

×

【ネタ】泡の色が変わるハンドソープ

【かけ合わせで出たアイデア】

欲 子供に進んで手洗いさせたい

↓ **勉強すればするほどほめてくれるペンケース**

欲 色が変わるところを見てみたい

↓ **気温で色が変わるペンケース**

欲 人に体験を話したい

↓ **ペンを手渡してくれるペンケース**

続けて他のネタをもとにしたアイデアも次々に出していきます。

普段僕が作業しているように、Excel上でかけ合わせていくと94・95ページの図のようになります。

この図のように かけ合わせで思いついたアイデアを自由に書いていきますが、それぞれのアイデアが、どんな思考の流れで頭に浮かんだかを、いくつか挙げて見てみましょう。
この図では、セルにグレーの色をつけたアイデアを、「いいアイデアかも」と思ってピックアップしたので、それらに関して見ていきます。

●ペンケース×泡の色が変わるハンドソープ
⬇勉強すればするほどほめてくれるペンケース
泡の色が変わるのを面白がることで子供に手洗い習慣をつけてもらいたいという「欲求」から、勉強のモチベーションを上げてくれるペンケース→ほめてくれる、という発想に至った。

●ペンケース×ストレングスファインダー
⬇バイオリズム、体調で色が変わるペンケース
今の自分の強み弱みを知りたいという「欲求」からの連想で、勉強に力を入れられる日と、息抜きする日を分けたいと思い、色の変化でバイオリズム（今日の調子）がわかる

	D	E
	気温で色が変わる	ペンを手渡してくれる
	ホッカイロ付き	
	辞書型（中が空洞）	ポケベルデザインとか、ノスタルジー
	特定の教科専用	バイオリズム、体調で色が変わる
	異性が寄ってくる	
	ブログやSNSに紹介しやすい	
	眠い時起こしてくれる	毎日問題を配信してくれるIoTケース
	途中でストレッチを促す	
	開けるたびに英単語を教えてくれる	
	遺言書をしまっておける	

ペンケースというアイデアが浮かんだ。

※ストレングスファインダー……米国のギャラップ社が開発したツールで、Webサイト上で177個の質問に答えていくことで、34種類の才能分野＝資質の中で、自分に最も強く表れている5つの資質がわかる。

●ペンケース×写真うつり改善練習ミラー

⬇途中でストレッチを促すペンケース

写真うつりがよくなるように表情筋をほぐしたいという「欲求」から、勉強している途中に肩や腰などいろいろな箇所が凝って健康を害したりしないように、タイマー（たとえばゼンマイなど）があるところに到達したら、指示されたストレッチをするというゲーム付き

	A	B	C
1	ペンケース		
2	×		
3	泡の色が変わるハンドソープ	→	勉強すればするほどほめてくれる
4	甘すぎない甘酒	→	使っていると腸がよくなる
5	大人の数学教室	→	関数電卓がついている
6	ストレングスファインダー	→	選んだペンで性格診断ができる
7	蚊を吸い込んで捕る　ウェル蚊ム	→	蚊が寄り付かない
8	ブログネタを考えてくれるAI	→	答えじゃなく考え方を教えてくれる
9	早押しイベント　はじめてのクイズ	→	タイマー付き
10	写真うつり改善練習ミラー	→	笑って元気が出る
11	おざなりとなおざりの違い　記事	→	絶対覚えたいことを書きこめる
12	The Silver Pro　祖父母への手紙	→	世界初のペンケースの復刻

のペンケースを発想した。

●ペンケース×おざなりとなおざりの違い記事
⬇開ける度に英単語を教えてくれるペンケース

『おざなりとなおざりの違い』というWeb記事の見出しを見て、即「クリックしたい！」と思った。理由は、なかなか覚えられないことだったから。その「欲求」から、「なかなか覚えられない」を解決するペンケースがないかと考え発想した。

●ペンケース×The Silver Pro　祖父母への手紙
⬇世界初のペンケースの復刻

「祖父母と深い話をしてみたい」という「欲求」から、祖父母が子供の頃使った道具を使っていたら、感じるものがあるのではないだろうかと思い、とても古いグッズを復刻するアイデアが浮かんだ。

※The Silver Pro……毎月祖父母への手紙を届けてくれるサービス。

いかがでしょうか。このように「自由な発想」を行っていきます。

そうすると、一つのネタからいくつものアイデアを出すことができ、慣れればあっという間に数十個のアイデアをつくり出すことができるようになります。この中から、いいアイデアを選ぶわけです。いいアイデアの選び方は後述しますが、まずはこのようにして、アイデアの数をたくさん出していってください。

この方法は、どんな企画を考える時にも使えます。商品企画でなくても、人の欲求を満たし、価値を与える企画であれば、同じ方法で何でも考えていくことができます。

06 ネタは選ばず、発想には自由度を持たせる

お題にかけ合わせる「ネタ」は選ばない

ネタ帳にたくさんのネタが列記されていて、考えたいお題が現れた時に、「ネタ帳の中のどのネタをかけ合わせようかな」と考える必要はありません。どのネタでもＯＫです。

僕はかけ合わせメモをExcelで書いていきますが、その時に使うネタは、Evernoteのネタ帳の中から適当な部分をまとめてコピーして、かけ合わせる素材として貼りつけ、順番にどんどんかけ合わせを行っていきます。

たとえば、お題が「おもちゃの企画」だったとして、おもちゃに関連が深そうなネタを選んでかけ合わせていくと、それほど変わったアイデアは出てきません。お題とまったく

	D	E
	食べているところの口の中を撮影するPV	
	マインドフルネス効果を実感する会	歯にいい、とする
	食べている音だけを拡大して聞かせる	
	アプリに「ザクザク」というと配達される	
	無人島への旅行プレゼント	チョコがあれば友達はいらないと言う
	同じ感想を言った人をカップリング	匿名でチョコを贈れる
	ママ友揉め事あるあるを教える	揉め事を解決するためにあげるチョコ
	アイデア会議しながら食べる専用に	食べる時の音で曲を奏でる

関係のなさそうなネタの中にある「欲しいと思う理由」をかけ合わせていくからこそ、普通に考えていては出てこないアイデアが生まれます。

できるものからかけ合わせる

上図のかけ合わせメモは「ザクザクした食触感のチョコレートのプロモーション」というお題で、アイデアを出したものです。この例では、具体的な商品仕様やターゲットになる顧客層などの条件は特に決めず、自由な発想をしてみました。

いくつか、かけ合わせで出てきたアイデアを紹介しましょう。

	A	B	C
1	ザクザクした食感のチョコレートのプロモーション		
2	×		
3	スマホサイズのドローンカメラ	→	かじると音の合図でドローンを飛ばせる
4	涙活	→	なぜか泣けるCM
5	赤ちゃんの体温が測れるおしゃぶり	→	ものすごく時間をかけて食べる
6	ダイアログ・イン・ザ・サイレンス 音のない世界	→	音の聞こえない状態で食べる
7	好きなビールのAmazon Dash Button	→	甘くなくてもおいしい、を売りにする
8	ポイント・ニモ　世界で一番人間から離れた場所	→	たった一人で食べる体験販売
9	暗闇コン	→	真っ暗な中で味わう体験会
10	人工知能が気の合うママ友を教えてくれるアプリ	→	AIで、食べたほうがいい時を通知する
11	Jimdo	→	一般公募のホームページコンテスト
12	フリースタイルラップ	→	味をラップで語るCM

●ザクザクした食感のチョコレートのプロモーション×暗闇コン

⬇真っ暗な中で味わう体験会

「暗闇で五感を研ぎ澄ましてみたい」という「欲求」から、その中で食感が売りのチョコレートを食べる体験イベントを実施したら、商品のおいしさをより感じてもらえるうえに、イベントの話題性もあるのではないかという発想に至った。

●ザクザクした食感のチョコレートのプロモーション×フリースタイルラップ

⬇アイデア会議しながら食べる専用に

「フリースタイルラップのように、アドリブをカッコよくキメたい」という「欲求」

が頭に浮かび、そこから、「会社のアイデア会議でどんどん発言したい」という別の欲求が連想され、出てきたアイデア。

食べたら、食感の刺激で冴えて仕事がザクザク進む！　というようなイメージをつけるＴＶＣＭなどを展開してはどうかと発想した。

アドバイスですが、お題と、すべてのネタがうまくかけ合わせられるわけではありません。そのお題とかけ合わせるのは難しいネタもあります。

たとえば、この例のお題では、「暗闇コン」（真っ暗な中でする合コン）というネタからは、いろいろと連想が広がり、「食感だけ暗闇で体験させたらどうか」とか「恋愛や合コンに使えないか」というようなイメージなど、アイデアが次々に浮かんできました。

一方、「涙活」というネタからはパッと浮かぶものはあまりなかったので、ほぼ飛ばして次のネタのかけ合わせに移る、というような進め方をしました。

全部のネタに丁寧にかけ合わせていく必要はありません。全体を眺めて、パッと思いついたアイデアを、どんどん好きなように書いていけばＯＫです。

「お題」と「ネタ」の間には距離が必要

今度は、「社員のモチベーションを上げる制度」というお題です。さまざまなネタが人の欲求を動かす理由を応用して、働き方のアイデアを連想していきます。またいくつか、かけ合わせで出てきたアイデアを紹介します。

●社員のモチベーションを上げる制度×1000円以上もする高級のり弁

⬇「一芸昇進」をさせる

「いつもと違う高価な商品を味わってみたい」という「欲求」から飛躍して、「自分の能力を高評価してもらいたい」という別の欲求が頭に浮かび、その欲求は誰もが持っているものではないか、と考え、それを応用して「一芸昇進」というアイデアに至った。

●社員のモチベーションを上げる制度×メーターのないタクシー

⬇手ぶら出勤の仕組みをつくる

	D	E
	トイレにデスクを設置	あいさつを「うんこ」にする
	社内に砂場をつくる	
	アイデアを高価買取する	「一芸昇進」をさせる
	時間割＆お金割をつくる	
	メールじゃなく手紙でやり取りさせる	全員で理念をつくる
	社員一人ひとりの特殊能力を名づける	海で仕事していい
	全員、ニックネームで呼び合う	
	全員で肝試しをして団結力を高める	

「料金がどんどん上がることにストレスを感じないで気楽に移動したい」という「欲求」から飛躍して、「ストレスフリーで移動したい」「手ぶらで出かけたい」という、別の欲求が頭に浮かび、そこから飛躍した形で出てきたアイデア。たとえば、会社に置いておく専用のバッグが用意されていて、小物やPCなど必要なものが完備されており、家から持ってくるものは最低限でよくなる働き方を整備することなどができないか、と発想した。

●社員のモチベーションを上げる制度×つかめる水

⬇社員一人ひとりの特殊能力を名づける

	A	B	C
1	社員のモチベーションを上げる制度のアイデア		
2	×		
3	うんこ漢字ドリル	→	社訓を全部「うんこ」で表す
4	手でクネクネと動かすTangle（タングル）	→	全員に手でいじる粘土を配る
5	1000円以上もする高級のり弁	→	ランチを豪華にする
6	ラテ・ファクターを疑う	→	10億円使うなら何をするか話し合う
7	わかりやすい文章の10大原則	→	交換日記をする
8	メーターのないタクシー	→	手ぶら出勤の仕組みをつくる
9	つかめる水	→	小学校に体験入学する
10	食べログの病院版	→	看護婦さんを雇う
11	記憶力を維持するガム	→	全員、下の名前で呼び合う
12	廃墟ショッピングモール映像集	→	一度、とてつもない恐怖体験をさせる

「つかめる水」（手でつかめる水をつくる実験キット）という商品があり、買いたいなと思うと同時に、「水を操るマンガのキャラクターの特殊能力を真似してみたい」という「欲求」が頭に浮かび、そこから飛躍した形で出てきたアイデア。

誰でも、仕事で他の人にはできない能力を持っているはず。それにカッコイイ能力名をつけて、マンガのように仕事を演出したら組織内での仕事が楽しくなるのではないか、と発想した。

このお題では、かけ合わせたネタから飛躍したアイデアが出ている部分がちょくちょく見られます。むしろこのように、発想を飛躍させることは重要です。

先にも「お題にかけ合わせるネタは選ばない」と説明しましたが、お題と近すぎるネタをかけ合わせると、ネタ自体とそっくりなアイデアになることが多く、ただの真似になってしまう恐れがあります。

「お題」と「ネタ」の間には、距離が必要です。

そして、ネタの中にある「欲しいと思う理由」を、結びつけていくためには、発想のジャンプをする自由さが重要になってきます。出てきたアイデアが、かけ合わせたネタから飛躍していても、それがまた別の「欲しいと思う理由」を持ったアイデアになっていれば、かけ合わせとしては成功したことになるわけです。

結局、どのような分野でも、すべての企画は**人間の欲求を満たすもの**であり、「欲しいと思うものごと」の情報が詰まったネタ帳から材料を引っ張り出し、楽しみながらどんどんかけ合わせていけば、アイデアはいくらでもつくることができます。

【「お題」と「ネタ」の関係】

✕ 「お題」にかけ合わせる「ネタ」は選んではいけない！

お題と近すぎる（関連がありそうな）ネタをかけ合わせると、ネタと似たようなアイデアになりがち。

○ 「お題」と「ネタ」の間には距離が必要！

お題とネタの間に距離があるほど、発想はジャンプし、オリジナリティのあるアイデアが出てきやすい。

07 よりたくさんのアイデアを生み出す「ランダムワード発想」

アイデア自体を「お題」とし、さらなるアイデアを量産

ここまで「かけ合わせ」により企画のもとになるアイデアをつくる方法を、実例を交えて説明してきました。ただ、そのようにして出てきたアイデアを、さらに広げ、もっと数を増やす方法があります。僕の企画づくりは、この方法なくして成立しません。

改めて言いますが、いいアイデアを手に入れる方法は、

アイデアをたくさん出して、その中からいいアイデアを選ぶ

というやり方です。10個のアイデアがあれば10個中1位のアイデアは必ず存在します

し、100個あれば100個中1位のアイデアが手に入ります。そこで、アイデアの数をどんどん増やすために、自分の考え方の癖から外れた発想を一気に開放します。

その方法とは、「お題」×「ネタ」で出てきたアイデアに、もう一回、ランダムな言葉をかけ合わせて、さらに独創性を持った新しいアイデアを見つけ出そうというものです。

ランダムワードを使ったもう一回の「かけ合わせ」

具体的にどんな方法かというと、先ほどのようにして生み出したアイデアに、まったく規則性のない言葉をいろいろとかけ合わせ、アイデアを変化させていくというものです。

僕はこの方法を「アイデアしりとり」と名づけ、実際の仕事で使っています。

先に例をお見せしましょう。先ほどの「ペンケース」のお題で考えたアイデアの中に、

「勉強すればするほどほめてくれるペンケース」

というものがありました。

今度は、このアイデア自体を「お題」にします。

そして、このお題にかけ合わせる言葉を、適当に「一人しりとり」で出していきます。

10ワードも出せばいいでしょう。
言葉は、本当に何でもよいので、頭に浮かんだままに出していきます。

リンゴ→ゴジラ→ラジオ→おなか→怪談→ダンゴムシ→調べる→ルーレット→とびばこ→恋

ためしに「リンゴ」という言葉をかけ合わせてみます。
まずは、「○○」といえば「××」というように、これらのワードから連想できる要素を挙げていきます。リンゴから連想できるイメージをいくつか挙げてみると、以下のようになります。

リンゴといえば？

・食べ物
・赤と青がある（赤リンゴ、青リンゴ）
・Apple（企業）
・弓矢で射貫く
・握りつぶす

次は、リンゴから連想で出てきたイメージと、お題となるアイデアの「勉強すればするほどほめてくれるペンケース」をかけ合わせていき、自由に新しいアイデアを連想していきます。

【お題】勉強すればするほどほめてくれるペンケース
×
【ネタ】リンゴ　　　　　　　【かけ合わせで出たアイデア】

食べ物 ↓ **勉強するとおやつをくれるペンケース**

赤と青がある ↓ **ほめたり叱ったりしてくれるペンケース**

Apple（企業）↓ **iPhoneをかざすとエールを送ってくれるペンケース**

弓矢で射貫く ↓ **答えが的中するとほめてくれるペンケース**

握りつぶす ↓ **疲れた時に握りつぶすと癒やしてくれるペンケース**

こんな感じです。

先ほど、「欲しいと思う理由」を材料にしていただけでは思いつかなかった味付けが、アイデアに加えられていきます。

このようにしてランダムな要素から生まれてきたアイデアも、先に説明したように、ネタが持つ「欲しいと思う理由」だけをかけ合わせて生まれたアイデアと区別することなく、一緒にメモしてどんどん増やしていきます。

これがかけ合わせでアイデアを出す真骨頂なのです。

ランダムワードは、必ずしりとりで出さなければならないというわけではありませんが、意図せずに無作為にいろいろな言葉を選ぶ一つの方法としておすすめしています。

ランダムワードで思考の癖から抜け出そう

どんな人間にも考え方の「癖」というものがあります。僕も、アイデアを出す時はさまざまな方向性の案を考えるようにしますが、やはり、好きな方向性の、似たようなアイデアが何度も浮かんでしまうものです。

たとえば僕には「ラクに楽しく英語を学びたい」という強い欲求があるので、何のお題が来ても、「英語学習に結びつけられないか？」というアイデアを一度は考えてしまいます。一旦これにはまると、かけ合わせるネタとしてイマイチだとわかった後でも、似たようなお題に対して、何度も同じような案を出してしまいます。

皆さんも覚えがないでしょうか？

自分という一人の人間が感じる欲求を材料にしていくと、似たようなアイデアが頻出するのは当然かもしれません。そこで自分でも予測できなかったアイデアを誕生させるための触媒として、ランダムワードをさらにかけ合わせるのです。

「欲しいと思う理由」を盛り込んだアイデアに、ランダムワードをかけ合わせることで、その偶然性がなければ絶対に生まれなかったようなアイデアを見つけることができます。アイデアの量と種類がどんどん増え、選択肢も増えていきます。

とはいえ、ランダムワードをかけ合わせて自由に発想したアイデアからは、「欲しいと思う理由」が一旦消えてしまうこともあります。

	D	E
	ほめたり叱ったりしてくれる	疲れた時に握りつぶすと癒やしてくれる
	握ると「ゴー！」と言う	「5時ら」と言って休憩を促してくれる
	何度でも目覚めるゾンビペンケース	
	検索しておいてくれる	助手のようにアドバイスしてくれる
	重ねて合体させる	
	封印していたラブレターが出てくる	可愛い声でエールをくれる

上図の例でいうと、もともとが「勉強すればするほどほめてくれるペンケース」というお題だったのに、ランダムワードから連想したアイデアの中には、

「疲れた時に握りつぶすと癒やしてくれるペンケース」

のように、その要素がほぼなくなってしまっているものもあります。

ただ、ズレたアイデアが出てきても、一旦書きとめて放置しておいて損はありません。企画になるかならないかは、後で取捨選択をすればいいだけですし、ズレていたアイデアが何かに結びついて化けることもあります。

それに、この時考えたいもともとのお題は「新しいペンケース」だったわけなので、その

	A	B	C
1	勉強すればするほどほめてくれるペンケース		
2	×		
3	リンゴ	→	勉強するとおやつをくれる
4	ゴジラ	→	大声でほめてくれる
5	ラジオ	→	ラジオが聴ける
6	おなか	→	ぽっちゃりおなかをさわる
7	怪談	→	時間内に宿題を終えないと怪奇現象
8	ダンゴムシ	→	丸めて遊ぶ　癒やされる
9	調べる	→	一緒に勉強してくれる
10	ルーレット	→	4 択問題をルーレットで決められる
11	とびばこ	→	目標達成するたびに大きくなっていく
12	恋	→	100 点取ったら告白しないといけない

範囲で「買いたい」「使いたい」「やりたい」と思える要素が含まれているアイデアになっていれば、もとのお題に対するアイデアとして成立するわけです。

08 企画にしたいアイデアを選び出す3つのフィルター

いいアイデアの「選び方」

ここまで説明した方法で、いろいろなアイデアをメモした後は、その中から、企画に落としこめるアイデアを選び出す作業になります。質より量でたくさん出したアイデアのほとんどは、使えないいアイデアです。この中から、「欲しいと思う企画になるアイデア」をピックアップします。

初めに言うと、この「選び方」は、3つのフィルターを通して行います。

1. 企画の具体的イメージが「スルッと」湧くアイデアを選ぶ
2. 自分が欲しいと思うアイデアを選ぶ

3．他人に欲しいかどうか聞いて、反応速度を見る

では、順に説明していきましょう。

企画の具体的イメージが「スルッと」湧くアイデアを選ぶ

たくさんのアイデアが並ぶ中で、一番初めにかけるフィルターは、「そのアイデアが形になった時のゴールの絵がわかりやすく見えるかどうか」です。

結局、**どんな企画にせよ、それを利用してくれるユーザーに、どれだけシンプルに伝わるかが、とても重要**です。

「実現させる企画」に落とし込むまでに、編集が大変そうだったり、練り上げるのに時間がかかりそうだったりするアイデアは、そもそも企画の原案としてパワーの弱いアイデアです。アイデアの時点で持っているパワーの強さが、最後に大勢のユーザーを巻き込めるかどうかにつながります。

たとえば、先に例に出した、「勉強すればするほどほめてくれるペンケース」×ランダムワードのかけ合わせメモの中に、「勉強するとおやつをくれるペンケース」というアイデアがありました。

これは、イメージとしては、勉強中疲れた時に、ペンケースがチョコレートやキャンディなどを「コロン」と出してくれる、というようなもので、実現すればもしかしたら欲しがる人もいるかもしれないアイデアではあります。しかし「どんな形で、どんな仕組みで、一体どうやってつくるの？」というイメージがすぐに湧かず、考えるのも開発するのも大変そうだということに自分でもすぐ気がつきます。ペンケースの中におやつを入れるイメージも、ちょっと衛生的ではありません。

その漠然としたコンセプトのアイデアだけで、実現したら「絶対欲しい！」と強く思えるのであれば、まだ可能性はありますが、絶対欲しいとも思えません。

このように、イメージが湧かないし、そこまで欲しいものになりそうにもない、というアイデアは、なんとなく面白そうであってもピックアップしません。

こうしてアイデアを見ていくと、まさに「スルッと」最終形がイメージできてしまうアイデアが見つかります。

たとえば、同じメモの中にあった「可愛い声でエールをくれるペンケース」というアイデアは、個人的には具体的イメージがスルッと湧きました。

使う時にファスナーを開けると、それが口のように見えて、スピーカーから出る音声で、いろいろな声をかけてくれるものです。頑張りをほめてくれたり、励ましてくれたり。他にもいろいろと面白い言葉を考えられそうです。

言葉でアイデアを考えただけの段階で、**自分の中で具体的なイメージが湧くアイデアは、企画になりやすく、かつ伝わりやすい企画になっていく**可能性があります。

自分が欲しいアイデアを選び出す

次の段階として、ピックアップしたアイデアが、自分自身が欲しいものであるかどうかでフィルターをかけます。

自分がつくる企画は、自分自身が欲しいと思うものでなければなりません。そのアイデアが、自分が心から欲しい企画として完成させられそうかを改めてイメージします。

自分が欲しい、という評価基準を設ける理由は、この世に一人のユーザーが確実に存在するということを確認するためです。

その一ユーザー(自分)が欲しくてたまらない企画になっていれば、他にも自分と同じように、その企画のユーザーになりたい人は存在するはずです。人間の趣味嗜好はもちろん一人ひとり違いますが、根源的欲求は同じです。自分と近い欲求を持つ人間が他に一人もいないということは考えられません。

逆に、自分がそんなに欲しくない企画をつくってしまうと、世の中にこの企画を絶対欲しいと感じる他の人が存在することを確信できず、漠然とした不安を抱えながら企画を進めることになり、結果的に誰にも求められない企画になってしまいます。

自分に嘘をつかなければ、その感情は「事実」です。その企画のユーザーがいるということに確信を持ち、人の欲求を強烈につかむ企画をつくっていけばいいのです。

また、よく起こる間違いは、自分がそのアイデアを「手掛けたい」から、イコール「欲しい」のである、と思い込んでしまうことです。

僕は自分が手掛けたいという基準でアイデアを選ぶことをNGとしています。**手掛けたいではなく、自分が「ユーザーになりたい」アイデアを選ぶ**のです。

自分がそのアイデアを考えたから、「欲しい」と思い込んでしまっていることは、よくあることです。自分が考え出したアイデアは、可愛く思えてしまうものなので、それだけでいいアイデアだと思い込んでしまいがちです。

また、そのアイデアが世にない、新しいアイデアであったりするとなおさらです。世の中に初めて誕生したものはニュースになりやすく、記事の本数も増え、話題が「バズる」ことも多々あります。しかし、バズることと売れることはまったく別物です。**いくらバズってもそこにユーザーとしての「欲しい」がなければ、商品は売れません。**僕もそのような失敗を経験してきました。

「買いたい」「使いたい」「やりたい」と思えるアイデこそ、多くの人に求められる企画になります。

そうでないアイデアをもとにした企画は、実現させる段階で、少しでも壁にぶつかったり、ユーザーの反応が思わしくなかったりすると、当初はやりたくてワクワクしていたのに、急激に熱が冷めてしまいます。理由は言うまでもなく自分が「欲しい」と思っていないからです。

一方で「ユーザーになりたい」アイデアは、単に「手掛けたい」と思っていたアイデアとは違い、壁を乗り越え、情熱をもって成功させることができます。自分がそれを「欲しい」と思う気持ちが本当に強ければ、仮に企画を立ち上げた初期の頃にユーザーがなかなかついて来なかったとしても、心が折れたり、飽きたりすることはありません。

自分が欲しい、ということは、アイデアを企画にして実現させるための最大のエネルギー源となるのです。

他人に欲しいかどうか聞いて、反応速度を見る

ここまで説明してきた1と2のフィルターでわかることは、「自分がどれだけそのアイ

デアを企画として実現させたいか」ということです。

ただ、それだけでは不十分です。

3段階目として重要なフィルターが、第1章でも簡単に触れた「人に聞いてみる」というものです。

企画の原案となるアイデアを自分一人だけで選ぶのはとても危険です。

もちろん企画を立ち上げるために、自分がその企画を欲しいかどうかは何よりも重要ですが、そのアイデアから生まれた企画は、欲しいユーザーが非常に少ないニッチなものになってしまう可能性があります。

自分一人の価値観だけだと、他に欲しい人がとても少ない企画をつくってしまうリスクがありますし、自分で考えたアイデアを過剰に可愛く思ってしまう危険性もあるため、他の人もそれが欲しいかどうか、率直な感想をヒアリングしてみることが必要です。

聞いてみる相手は、最低限その商品のターゲットに当てはまる人であれば誰でもよく、身近な人であってもかまいません。

会社内の人でも、家族でも、話して差し支えなければ友人と飲みに行ったついでに聞いてみるのでもいいでしょう。そこで、「こんな企画をやろうと思ってるんだけど、欲しい？」と、それを実現させる前提で聞いてみるのですが、この時に相手から得られる重要な情報はたった一つ、最初に話した時の相手の「反応速度」です。

反応速度とは要するに、「欲しい？」と聞いた時に、

A．話を合わせて、あるいは気を使って「うん、欲しい」と返事をしたのか

B．本当にそれがいいと思って「欲しい！」と言ったのか

ということです。

この見極めは重要です。もちろんAのような反応では、その人には何も刺さっていません。**アイデアを伝えた時に、反応が1秒速かったか、遅かったか。顔は笑っていたか、愛想笑いだったか。このような差が、もはやその企画の成否なのです。**

反応が悪い場合、もしかしたらそのアイデアが悪かったのではなく、「伝わらなかった」だけなのかもしれません。だから、いろいろな人に、伝え方を変えたり、あるいはアイデアの内容を変えてみたりしてどんどん話し、どうすれば刺さるのかを試してみることも大事です。

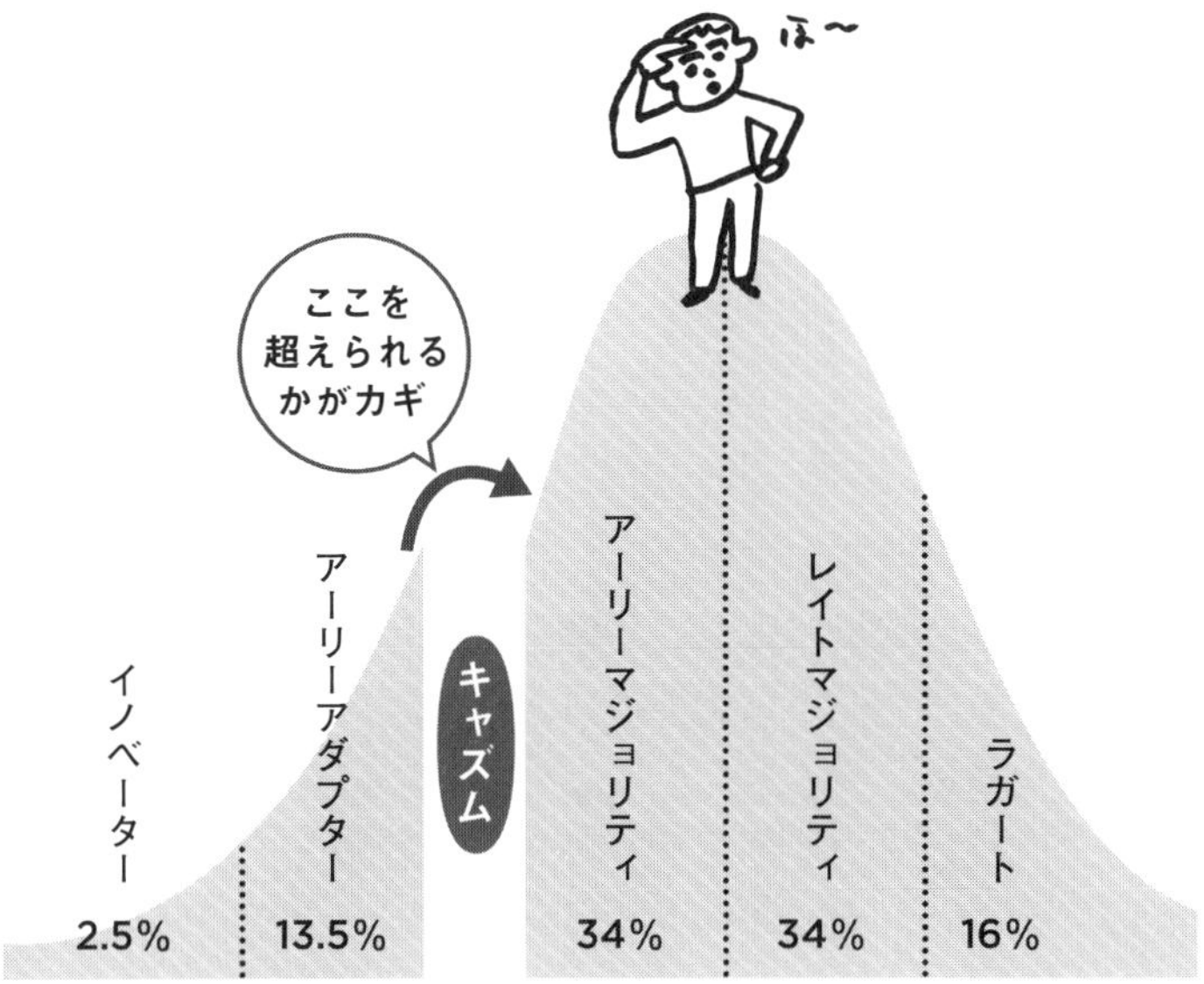

聞いた人すべてがいい反応をしなければダメというわけではありません。僕は、10人中2人がいい反応をしたら「可能性あり」、10人中5人がいい反応をしたら「大成功しそう」という判断をします。

これは経験則と、「キャズム理論」を参考にそう考えています。

キャズム理論は、主に技術進化の激しいハイテクノロジー製品のマーケティングにおける理論で、最初にユーザーになってくれるであろう「イノベーター」と「アーリーアダプター」を合わせた16%に当たる人を超えた、34%のアーリーマジョリティまで普及させられるかが、一つの大きなポイントである、と言われています。

このことは、ハイテクノロジー製品に限った理論ではなく、新しい企画すべてに関して似たように適用できると僕は捉えています。先に述べた判断基準をもう少し詳しく言うと、次のようになります。

●10人中2人（20％）が最高の反応で「欲しい！」と言ってくれたら、企画として成功する可能性がある土台に乗っている。
●10人中5人（50％）が最高の反応を見せてくれたら、大ヒットの芽があると確信して突っ走ることができる。

これを僕は、一つの指標にしています。

情報漏えいに当たらない範囲で、これから考えようとしているアイデアはどんどん人に話し、本音の反応を見てみてください。

column

「ユーザーになりたい欲」からつくられた企画とは

最近「ユーザーになりたい欲」のない企画が、世の中にはどんどんあふれてきているように感じています。

たとえばＩｏＴ、ＩＣＴ、ＡＩ、ＶＲ、地方創生……。数々の新規事業のニュースを毎日見ている中で、

「やっている本人は、それが提供する価値を自分自身でどのくらい欲しいのだろう」

「自分でいくらお金を出して利用するのだろう？」

と疑問に思うことがよくあります。

そして、もしかしたら「手掛けたい欲」だけで走っていて、企画者本人の「ユーザーになりたい欲」がすっぽりと抜けている企画が、どんどんこの世に生まれてしまっているのではないかと感じてしまうのです。

以前、あるベンチャー企業の方から、手掛けている事業の会員数が割と伸びているというお話を聞き、「そうなんだ、すごいなあ」と思いながら、想像で利益率を計算したことがあります。僕は、独立起業してから、ビジネスの話を聞くと、「いくらお金が手元に残るかな?」と想像する癖がついてしまっていて、自然と計算してしまったのです。

たまたまその翌日、僕の奥さんが、ママ友に口コミで聞いたという写真館で、家族写真を撮りたいというので、平日に休みを取って街の小さな写真館に行きました。すると平日なのにすごい混み具合で、予約はいっぱい。一人のカメラマンのお兄さんが次から次へといろいろな家族の写真を撮っていました。その時は、1万円くらいのコースで写真を撮ってもらい、写真データを購入するというプランだったのですが、結果的に夫婦で大満足しました。そのお兄さんが、子供の笑顔を引き出すのがとても上手で、最高にいい写真をたくさん撮っていただくことができたのです。

この時も僕は、この写真館のお兄さんが、どのくらい利益を上げているのかなあ、と想像しました。

一組1万円、このペースで1日回したら……。さらに、カメラや機材のお金はかかっているとしても、納品はデータだから、材料費なし？　などと考えると、前述のスタートアップに比べて、「1人で10倍は利益を上げているのでは？」と想像できたのです。

もちろんベンチャー企業は、将来事業を大きくしていくことを目的にしていることが多く、一方、写真館のお兄さんは、おそらく規模を大きくすることなく、一人で仕事をしていくので、単純に比較はできません。

しかし、僕がそのベンチャーと写真館の間に歴然と差を感じたのは、写真館のお兄さんが提供している、「お金を出してそのサービスを使いたい欲」の大きさでした。観察する限り、次々に来る家族が、大満足して帰っていき、お兄さん自身も、写真を撮ることがうれしそうでたまらない様子です。結果的に我が家はその後もう一度その写真館に行って写真を撮りました。ファンになったのです。

これこそが、「ユーザーになりたい欲」のある企画です。

この写真館自体は、まさしくお客さんが、行列をつくってでも買いたい企画です。

そして、この写真館のお兄さんにいろいろと写真館のこだわりの話を聞いて感じたのは、この人は自分の写真撮影サービスを、

自分がお客だとして、買いたいサービスとしてつくり上げている

ということでした。提供したい企画をこだわり抜いてつくり上げていることが細部に見て取れたのです。「手掛けたい欲」だけでなく、「ユーザーになりたい欲」もある、強い欲求を持つことが、企画を成功させる条件なのです。

09 企画にしたい「いいアイデア」をまとめてメモする

いいアイデアは一覧にして取っておく

先ほど、3つのフィルターで企画にしたいアイデアを選ぶという方法を説明しました。このうち1と2のフィルターを通過したものを、僕は「いいアイデア集」としてメモしています。Excelでのかけ合わせメモで、色をつけてマーキングするアイデアも、1と2のフィルターに引っかかるな、と直感したものです。

もちろん、ここでピックアップした「いいアイデア」も、すべて企画にできるわけではありません。さらにここから優先順位がついて、より実現させたいアイデアから順に、企画にできるかどうかを考えていくことになります。

また、「このアイデアを具体的に企画にしたい」と思った時には、3番目のフィルターである、他人に聞くということも行って吟味します。

企画にすることを検討できるアイデアは少なく、狭き門になるでしょう。

しかし、企画にしたい「いいアイデア」は、いつどんなタイミングで、人に求められ、実現できる機会が来るかわかりません。ですので、その時にすぐに思い出して、企画づくりを進められるように、一覧できる形でとっておくことをおすすめします。

「いいアイデア集」のつくり方

では、具体的にどのようにして「いいアイデア集」をつくっていくのかをご説明しましょう。僕は、数多くのアイデアの中からピックアップした、企画にしたい「いいアイデア」も、ネタと同様に、一覧できるような形でEvernoteに保存しておきます。ネタ帳とは別の、「いいアイデア集」です。

ここまで説明してきたアイデア発想には大きく2ステップありました。

・「お題」×「ネタ」でアイデアを考える
・出てきたアイデアに、ランダムワードをかけ合わせてさらに出す

この、どちらの方法で出てきたアイデアも、一緒に「いいアイデア集」にメモしていきます。発想法でアイデアを区別する必要はありません。

書き写す時に、**さらにいいアイデアに変化させたり、考え直してみたらあまりいいアイデアではなかったものは外したり**、などの調整をしながら、いいアイデアをまとめておき、この後の第3章で説明する企画づくりに活用していきます。

僕は多岐にわたる企画をつくる仕事をしているので、この「いいアイデア集」も、お題やカテゴリーごとに分類しないことが多いのですが、各自の仕事のスタイルによって、たとえば「本業に関するアイデア」と「本業と関係ないアイデア」など、分けてメモしておいてもいいでしょう。

この時、「いいアイデア集」から漏れた「かけ合わせメモ」(=不採用のアイデア)も、もちろん消さずにとっておきます。

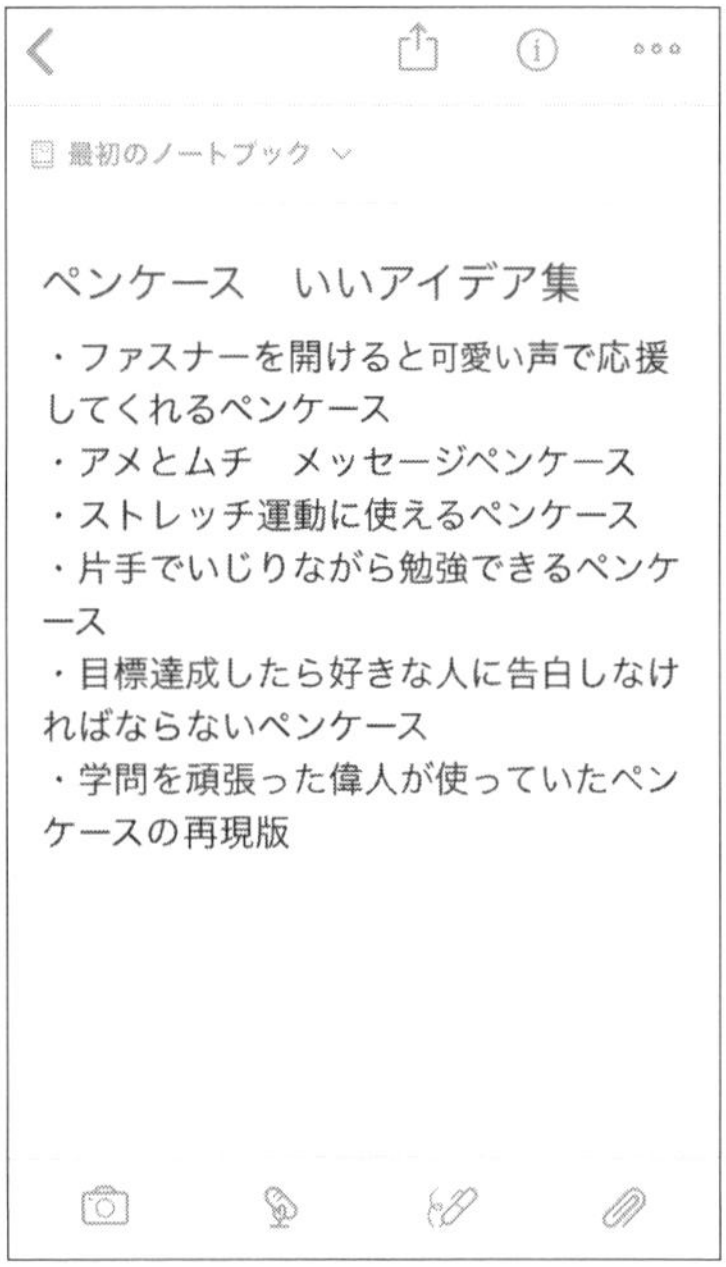
最初のノートブック
ペンケース　いいアイデア集
・ファスナーを開けると可愛い声で応援してくれるペンケース
・アメとムチ　メッセージペンケース
・ストレッチ運動に使えるペンケース
・片手でいじりながら勉強できるペンケース
・目標達成したら好きな人に告白しなければならないペンケース
・学問を頑張った偉人が使っていたペンケースの再現版

いろいろな案件でアイデアに困った時に、過去のかけ合わせメモを見返すと、思いもよらないヒントが見つかることがあるからです。

頻繁に振り返ることはないかもしれませんが、どこにダイヤの原石となるようなアイデアがあるかわかりません。

データで保存しておく分には、かさばることもないので、捨てずに取っておくことをおすすめします。

１時間で１００個のアイデアをつくれる！

「かけ合わせメモ」を書くことに慣れてくると、信じられないほどたくさんのアイデアを、短時間でつくることができるようになり、そのことに驚くはずです。

一つのお題について、たとえばネタ帳から20個のネタを引っ張ってきてかけ合わせをします。それぞれのネタの中に存在する「欲しいと思う理由」をいろいろとイメージしながら、合計50個のアイデアを出せたとします。

その中からいいアイデアを5個ピックアップして、ランダムワードを10個ずつかけ合わせ、さらに50個のアイデアを出せば、これで合計１００アイデア。

僕は実際に、このくらいのアイデア出しを1時間程度で行います。この中から、アイデア選びのフィルターを通すと、１００個中1位のアイデアを確実に手に入れられますし、**１００アイデアがあれば、「いいアイデア集」に入れられるアイデアは2〜3個は見つかるもの**だと経験則からわかっています。

慣れるとどんどん速くなります。ちなみに次ページの写真は、僕が電車内で15分で書いたものです。ＰＣが使えなかったのでスマホでネタ帳を眺めながらノートに書いたかけ合わせメモなのですが、数えたら64アイデアを書いていました。

慣れてくれば、どんなお題が来ても、このようなスピードとテンポでアイデアを生み出

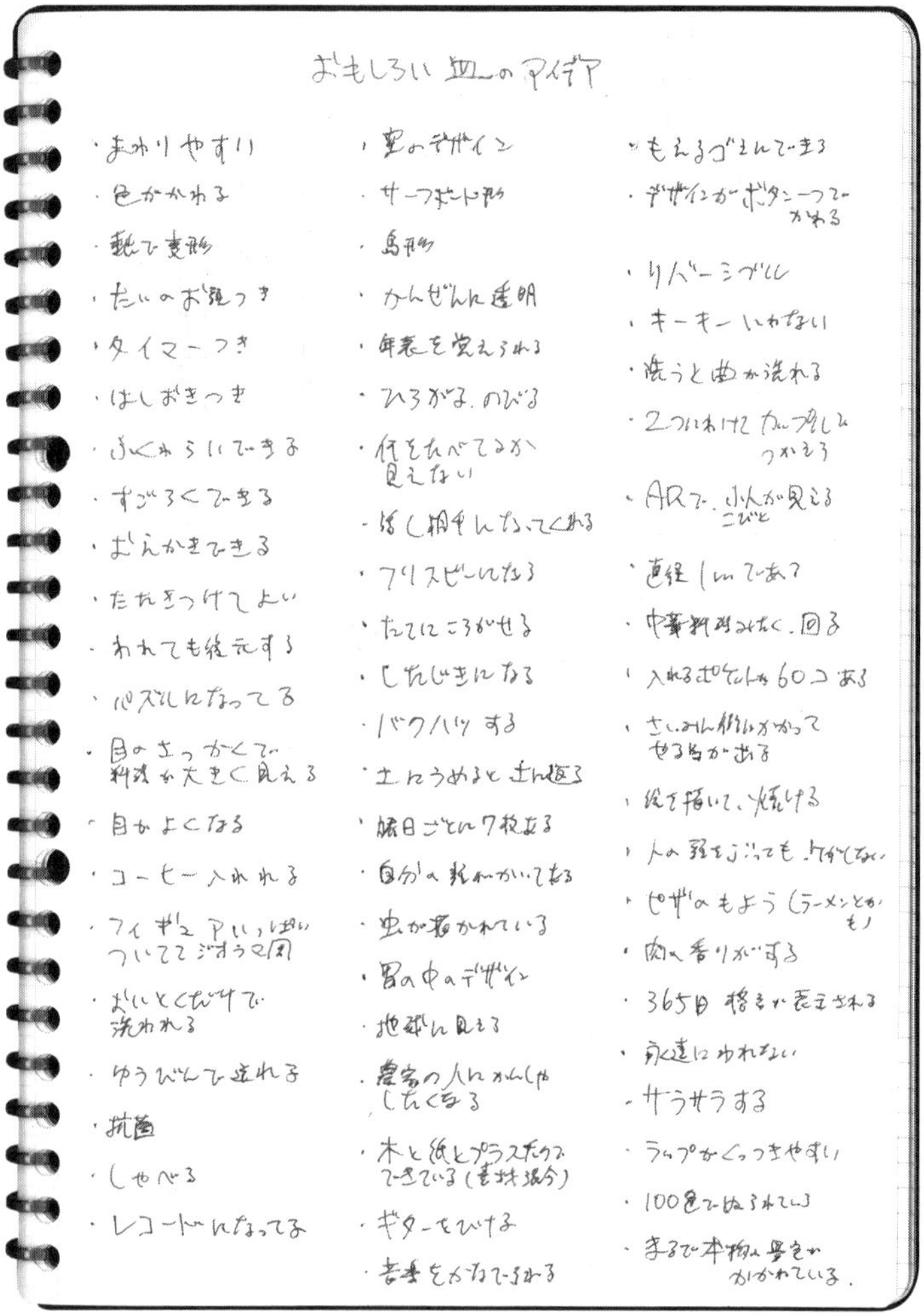

おもしろい皿のアイデア

・まわりやすい
・色がかわる
・熱で変形
・たいのお頭つき
・タイマーつき
・はしおきつき
・ふくからにできる
・すごろくできる
・おえかきできる
・たれをつけてよい
・われても復元する
・パズルになってる
・目のさっかくで料理が大きく見える
・目がよくなる
・コーヒー入れれる
・フィギュアいっぱいついててジオラマ風
・おいとくだけで洗われる
・ゆうびんで送れる
・抗菌
・しゃべる
・レコードになってる
・空のデザイン
・サーフボード形
・島形
・かんぜんに透明
・年表を覚えられる
・ひろがる、のびる
・何を食べてるか見えない
・話し相手になってくれる
・フリスビーになる
・たてにころがせる
・したじきになる
・バクハツする
・土にうめると土に返る
・曜日ごとに7枚ある
・自分の顔がかいてある
・虫が描かれている
・胃の中のデザイン
・地球に見える
・農家の人にかんしゃしたくなる
・木と紙とプラスチックでできている(素材混合)
・ギターをひける
・音楽をかなでられる
・もえるゴミにできる
・デザインがボタン一つでかわる
・リバーシブル
・キーキーいわない
・洗うと曲が流れる
・2つにわけてカップとしてつかえる
・ARで小人《こびと》が見える
・直径1mである
・中華料理みたく回る
・入れるポケットが60コある
・さいみん術にかかってやせる皿がある
・絵を描いて、焼ける
・人の頭をぶっても、けがしない
・ピザのもよう(ラーメンとかも)
・肉の香りがする
・365日 格言が表示される
・永遠にわれない
・サラサラする
・ラップがくっつきやすい
・100色でぬられている
・まるで本物の料理がかかれている。

すことができるようになります。

どうでしょう。今すぐ「ネタ帳」と「かけ合わせ」でアイデアをつくってみたくなりませんか？　「欲しいと思うものごと」の辞書である「ネタ帳」と、「かけ合わせメモ」のスキルさえあれば、アイデアに困ることは、確実になくなります。

さて、次の第3章では、ここまでつくったアイデアを、企画として実現に向かわせる方法をお伝えします。あなたが世界に届けたい企画を形にする第一歩です。

楽しんでいきましょう！

column

新発売商品の売れ行き予測はTwitterで調べられる

今はSNS時代で、本当に簡単に、世の中の企画の成否を測ることができます。

僕はいつもTwitterで、気になった商品を検索し、評判はどうか、つぶやいている人は買ったのか、買わずにつぶやいているだけなのかを調べています。

これをずっとやっていると、「面白い」と「買いたい」の違いが感覚的にわかってきます。たとえば、ある商品を検索すると、Webニュースでは非常に多く取り上げられているのに、「買った」とレポートしている人が非常に少ない、ということがよくあります。

ニュースになることと売れることはまったく違います。

これが「面白い」と「買いたい」の違いです。

たとえば、家庭用ロボットが発売されたというニュースがあると、おそらく相当数のメディアに取り上げられます。しかし、それを買って家で使っているという書き込みはなかなか見られません。

現状では、高額なロボットを一般家庭で購入することはなかなかありません。もちろん、技術面や社会の価値観を変えていくという意味で、それが開発されたことの価値はありますが、売れる商品ではないということです。

あなたを見守るふしぎな妖精
スミスキー
SMISKI
©2016 Preams Inc.

一方で、ニュースになっていないのに、買ったうえでいい評価をレポートしている人が非常に多い商品もあります。

これは、本当に人のニーズを捉えている、力のある商品です。

たとえば「スミスキー」というコレクタブルフィギュアの商品があります。暗闇で光り、すみっこから見守ってくれる妖精という世界観のフィギュアで、部屋のいろいろな

「隅」に飾って楽しむものです。これは世の中全体で言うと、知らない人が圧倒的に多い商品になります。インターネットでこの商品に関するニュースを探してもほとんど見つかりません。

しかし、このフィギュアは国内で累計100万個以上売れています。ニュース性がなくても、この商品を店頭で見たお客さんが、かわいらしさと世界観の魅力に心をつかまれて、買ってしまうのです。

SNSでつぶやきたくなる商品と、そうでない商品という特性もあります。その場合は、競合商品と比較して、両方検索してみましょう。

たとえば以前から人気があって有名なイベントと、新しく開催されて評判を知りたいイベント。果たしてつぶやきの件数や評判にどれだけの違いがあるのか？

確かめてみてください。

Amazonの★の数も、すべて信じられるとは言えませんが、参考にしやすい指標です。**今の時代、商品力にもうごまかしは利きません。**

中身が伴わない商品はすぐに酷評され、その評価は人々に知られ、終わってしまいます。企画をつくって立ち上げるのは、人を喜ばせるためなのであるということを忘れてはいけないのです。当たり前のことですが、実際このことは仕事に追われていると不思議なくらい忘れてしまうものです。

自己満足、上司の評価、スケジュール、コスト削減などなど、自分都合の目の前のことしか見えなくなって、なぜこの企画を立ち上げたかったのかを忘れてしまうのです。

YouTube動画も貴重な情報源です。

YouTuberは日々いろいろなネタを紹介しています。その中で、視聴数が多い動画で取り上げられているネタは、多くの人に響いていると言っていいでしょう。**インターネット上の人の動きを見ることは、誰でも簡単にできる重要なリサーチです。**

第3章

ヒット企画へと仕上げる「三角形メモ」

01

ヒット企画になるアイデアの絶対条件

アイデアを「考える」と「実現させる」の間にある差

第2章まで、企画の原案になるアイデアのつくり方をご説明してきました。実際にかけ合わせメモのテクニックを使ってアイデアを考え、早く企画にして実現させたいとワクワクしている人もいるのではないでしょうか。

ここからは、言ってしまえば「想像」の範囲であったアイデアを、形にして実現させるために重要なことをお話ししていきます。

まずお話ししたいのは、「アイデアを考える」ことと「実現させる」こととの間には、天と地ほどの差があるということです。

考えたことを実現させる。
これは本当に大変なことです。

「アイデアを形にするなんて、会社でいくらでもやっている」という人はいるかもしれません。でも、よく考えてみてください。

それは、本当に「あなた自身が」実現させていることでしょうか？　会社のリスクで、会社の予算で、言ってしまえば会社がやってくれていることではないでしょうか？

もちろんそれはまったく悪いことではないですし、会社の予算でビジネスの施策を行うことは当たり前のことです。

しかし、もしもそれをすべて自分のリスクでやるのだとしたらどうでしょう。

今自分でアイデアを考えて実現しようとしている企画があるならば、それをあなたは、どう思いますか？

まったく変わらず、実現させるべきだと思いますか？

それとも、とても実現させられないと思いますか？

これは極端な例かもしれませんが、言いたいのは、そのくらいの見方で、そのアイデアは実現させるべきものかどうかを考えることが重要であるということです。

企画として実現させるためにアイデアを選ぶ時に、

「自分はその企画を、お金を出してでも喜んで利用したいか」

という視点を持ってほしいのです。

その企画、自分ゴトとして考えられますか？

第2章の、いいアイデアを選び出す評価方法（114ページ参照）でも「自分がユーザーになりたいか」という基準の重要性をお話しさせていただきましたが、それをいざ企画として実現するぞ、となった時には、「お金を出すか？」という視点で、もう一段深く考えてみることが大事です。


「その商品が世に出たら、自分は買うのか？」

「その広告が世に出たら、自分は宣伝された商品を買おうと思うのか？」

「そのイベントが開催されたら、自分はチケットを買って行くのか？」

自分ゴトとして考えられない企画は、必ず途中で頓挫します。

実現に向けて選ぶべきアイデアとは、まず、自分がお金を出してでも買いたい、利用したいアイデア。これが絶対条件です。

02 ひとつのアイデアを深掘りするには手書きが一番

企画をつくる時は「手書き」でメモを書く

これから、アイデアが企画になり得るかどうかを考えるための重要なフレームワーク「三角形メモ」を紹介していきます。

このメモは「**手書き**」します。なぜなら、企画は「練る」ことが大事だからです。第2章で説明したアイデア出しの段階では、自由な発想が大事です。粗削りでもいいから「こんなものがあったら欲しいかも！」と欲求を刺激するアイデアをたくさん見つけることが目的のため、作業効率がいいExcelのデジタルメモを使いました。

しかし、ここからはいかに自分にウソをつかず、本音と向き合って深く思考していけるかが重要になります。そのために、僕はこの段階で「手書き」を用いています。

手書きはＰＣのタイピングより時間と手間がかかります。

少なくとも僕の場合は、長年タイピングをしてきて、素早く打てるようになってしまっているため、メモや資料がどんどんできていくことが快感になり、立ち止まることができなくなってしまいます。少しでも早く完成させたいという気持ちが出てしまうのです。これは多くの人に当てはまる現象ではないかと考えています。

PowerPointなどで資料がどんどんできる。デザインも整っている。文字も当然きれい。そうなると、企画としても、完成度高くまとまっているかのように感じられてしまうわけです。

手書きの速度で書きながら、顧客になる人の心や、自分の心と向き合い、「この企画は、人々に欲しいと思われるものなのか？」「本当にそうか？」「ズレていないか？」と、じっくり考えていくことが重要です。

何度も書き直してみる。

この作業が、ウソのない本音の企画を完成させると僕は実感しています。

03 アイデアを企画として成立させるための「三角形メモ」

「三角形」で企画をつくるフレームワーク

アイデアをもとに、実現させられる企画をつくるうえで、僕が常に使っているのが先述した手書きの**「三角形メモ」**というフレームワークです。商品企画にも、それ以外のあらゆる企画づくりにも、この手法を使うことができます。

企画づくりの基本は、**「何を」「誰に」「いくらで」**を設定することです。三角形メモでは、左図のようにこれらを三角形の配置で書きます。

この3つの要素のバランスがとれていると、その企画は、**顧客がお金を出してでも利用したいものになっている**、ということになります。

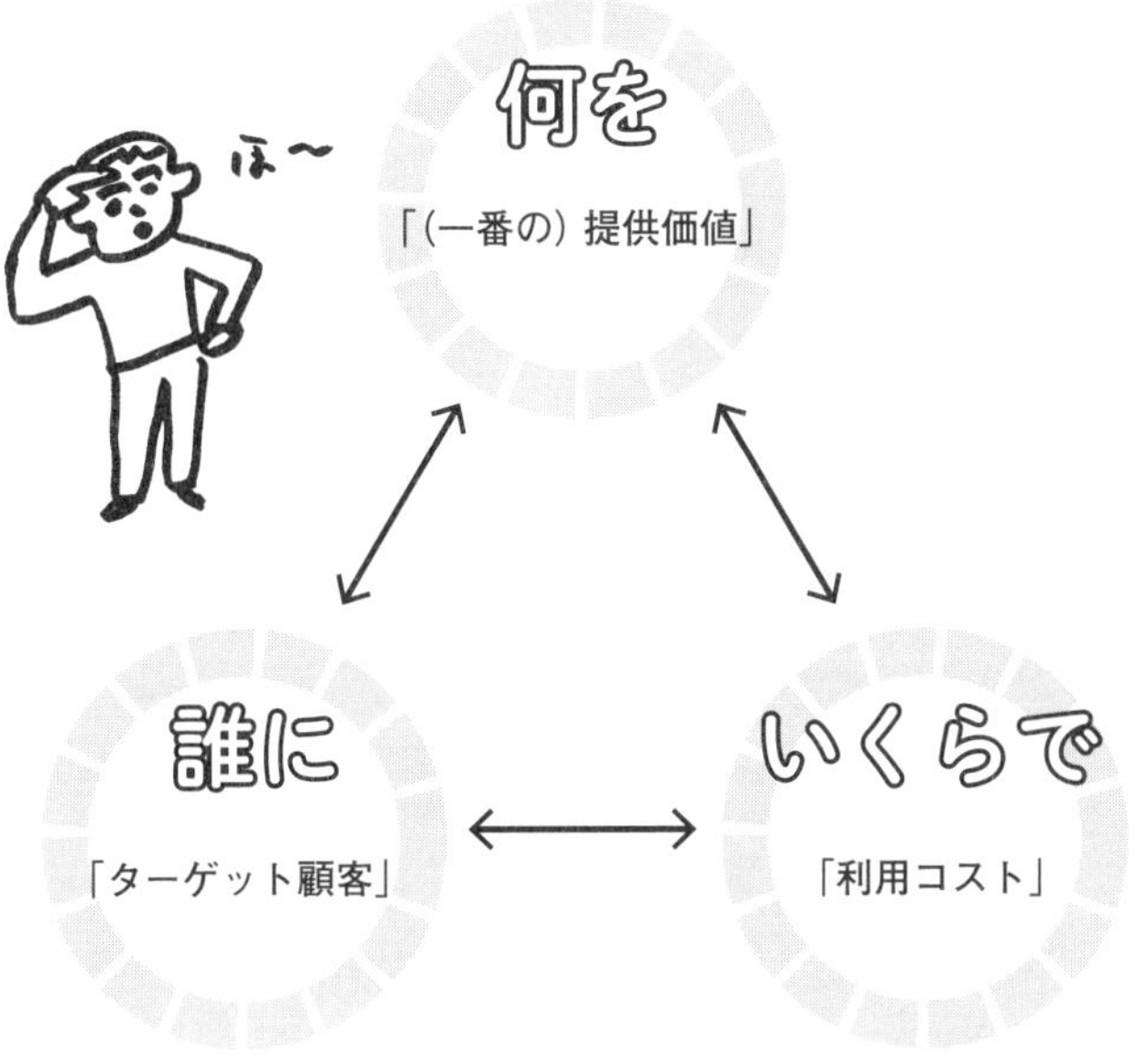

では、三角形メモの根幹をなす3つの要素を詳しく説明しましょう。

三角形の一番上の「何を」。

ここには、その企画がユーザーに提供する価値は何か、を書きます。一つの企画にもいろいろな提供価値がありますが、三角形メモでは、まずその企画の**一番の提供価値**は何なのか、を書きます（一番の提供価値を、企画の「大トンガリ」と呼びます。詳しくは後述します）。

次に、三角形の左下の「誰に」。

ここには、この企画のターゲット顧客になるのはどんな属性で、何を求めている人なのか、を書きます。幅広くいろいろな人に使ってほしいと思うかもしれませんが、この企画を強く欲しがる人を確実につくるために、メインのターゲット顧客になる層を設定します。

そして、三角形右下の「いくらで」。

ここには、ユーザーがその企画を利用する時に必要なコストを書きます。商品なら、いくらで買えるか、です。もちろん企画によっては無料の場合もありますが、それはそれで、「0円」という価格設定になり、お金ではないコスト（かかる時間、労力など）が当てはまることもあります。

実はこれだけで、その企画が売れるものであるかどうか、わかってしまいます。

企画をつくる時、69ページでも簡単に説明したような「マーケティング」の流れに沿って考える人は多いでしょう。そのような方々にとって、三角形メモはあまりにもシンプルに見えるかもしれませんが、実はこの三角形メモは、マーケティングをできるだけ簡単な方法で整理するための最強ツールなのです。

マーケティングを考えながら、三角形のバランスをとる

では、三角形メモの具体的な書き方を見ていきましょう。

まず、「何を」「誰に」「いくらで」を想定して書き入れ、三角形の辺に当たる部分、つまり2つの要素のバランスがとれているかどうかを、それぞれ153ページの図の①〜③のように考えていきます。

①「何を」と「誰に」のバランス

この企画を、ターゲット顧客が本当に「欲しいのか」。正確に言うと、**欲しいと思われるものを実現できるのか**、を考えます。

まずは企画内容がターゲット顧客の欲求をつかむものになっているかを確認するわけですが、この時、「今、自分たちがこの市場環境で、ターゲット顧客に求められる企画をつくれるかどうか」という見方をすることが重要です。

3C（自社、競合、市場）や、SWOT（強み、弱み、機会、脅威）などで環境分析をしなが

ら、今自社で、本当に顧客が欲しい内容を実現させられるのか、という見方で考えます。たとえば、その商品企画がターゲット顧客に求められるものであることを確信できたとしても、もっといい競合商品がすでに存在していて、自分たちはそれを超えるものをつくれないのであれば、その企画を「欲しい」と思われるものにすることはできないということになります。

今の市場環境に合わせて企画の立ち位置と打ち出し方を決め、それを実現できる裏付けがあって初めて、この企画はターゲット顧客が「欲しい」ものである、と言うことができます。

②「何を」と「いくらで」のバランス

その価格で提供して、**自社（自分）は「儲かるか」**、つまり健全な利益を得られるのか、を考えます。

儲からなくてもいい企画もあるかもしれませんが、何の利益もなければ、企画を立ち上げた意味もなくなってしまいます。

三角形メモを書く段階では、どのくらいの利益があるかは予測の範囲で大丈夫ですが、

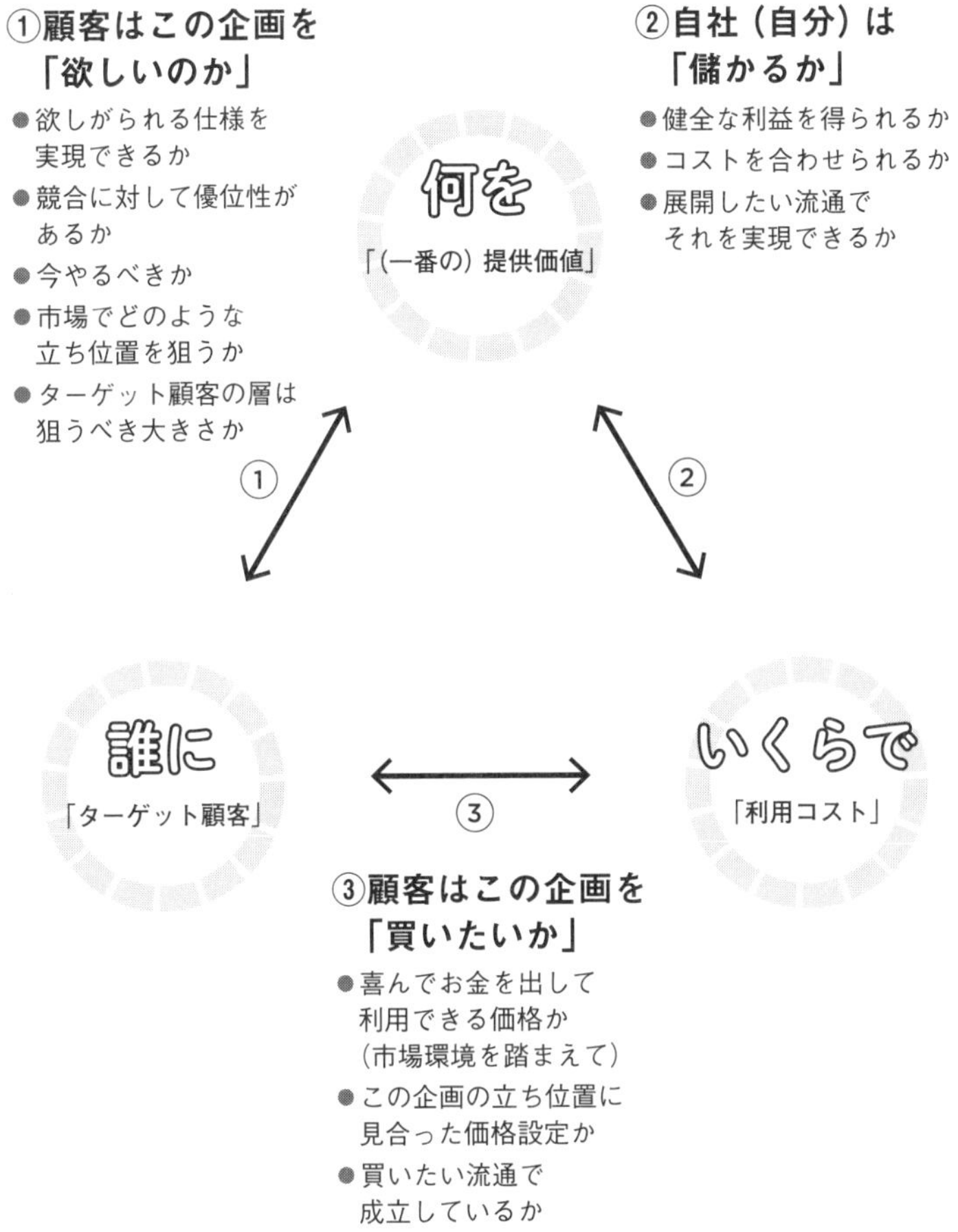
①顧客はこの企画を
「欲しいのか」
●欲しがられる仕様を
実現できるか
●競合に対して優位性が
あるか
●今やるべきか
●市場でどのような
立ち位置を狙うか
●ターゲット顧客の層は
狙うべき大きさか
②自社（自分）は
「儲かるか」
●健全な利益を得られるか
●コストを合わせられるか
●展開したい流通で
それを実現できるか
何を
「（一番の）提供価値」
①
②
誰に
「ターゲット顧客」
③
いくらで
「利用コスト」
③顧客はこの企画を
「買いたいか」
●喜んでお金を出して
利用できる価格か
（市場環境を踏まえて）
●この企画の立ち位置に
見合った価格設定か
●買いたい流通で
成立しているか

どう考えても必要な利益が得られなさそうであれば、その企画は成立しないということになります（ここで言う「利益」は、お金のことだけではありません。時間や労力が得るものと見合わなければ、企画を実現させる意味はないのかもしれません）。

ここでもマーケティングの考え方を忘れてはいけません。今の環境で、その価格を実現できるのか。自社のリソースの状況、開発コストの相場状況、流通の取引条件などさまざまな要素が絡んできます。どんなに顧客が大喜びする企画内容を考えられたとしても、実現するための人件費、材料費、販売時に流通に支払うマージンなどをよく考えてみたら、理想の価格ではとても提供できない、ということはよくあります。

③「誰に」と「いくらで」のバランス

そのターゲット顧客が、その価格で「買いたいか」、つまり**その金額（利用コスト）なら喜んで利用したいかどうか**を考えます。

顧客が納得できる価格設定かどうかを測るには、市場環境（競合商品の状況や、経済の状況）、企画の立ち位置と打ち出し方、販売できる流通と顧客の相性などを総合的に分析して考えます。

同じ企画でも、タイミングや売り方によって価格のつけ方を変えることができます。

たとえば、「比較的高額だけど使いやすい日記帳」を販売しようと企画した時、もし同じタイミングで爆発的な人気のスマホ向け無料日記アプリが登場してブームになっていたりしたら、高額な冊子の日記帳は求められないかもしれないし、逆に「手書きの日記帳を書くと頭がよくなる」などと有名人がコメントしたりしてブームが起きたら高くても売れるかもしれません。

また、ターゲット顧客を若者層にして考えると高額では受け入れられないかもしれませんが、高齢者向けにして考えると、高額でも売れる商品になるかもしれません。

価格の受け入れられ方は、状況や戦略によって変わるものです。それを考えながら、ターゲット顧客が喜んで利用する価格を想定します。


このように、マーケティングの基本である「環境分析（3C、SWOT）」「基本戦略（STP）」「具体的施策（4P）」などを考えながら、①～③がすべてバランスよく整った三角形メモになるように、手書きしていきます。

マーケティングは「環境分析」→「基本戦略」→「具体的施策」の順に考えよ、というように覚えている人が多数かもしれませんが、第2章でも話した通り、僕は最初に「何を」やるか、つまり人の欲求に強く刺さるアウトプットを考えて、後からマーケティングを組み立てていきます。その思考と整理を最も簡単にできるのが、「三角形メモ」のフォーマットなのです。

※マーケティングをイメージしながら三角形メモを書けるようになるために、マーケティングの基礎を勉強してみることをおすすめします。

ヒット商品「乳酸菌ショコラ」を三角形メモで書いてみた場合

ではここで、「三角形メモ」の理解を深めるために、ためしに実在の商品を当てはめてみましょう。

株式会社ロッテから発売されている、「スイーツデイズ　乳酸菌ショコラ」というヒット商品があります。ご存知の方も多いと思いますが、生きた乳酸菌を摂取できるという

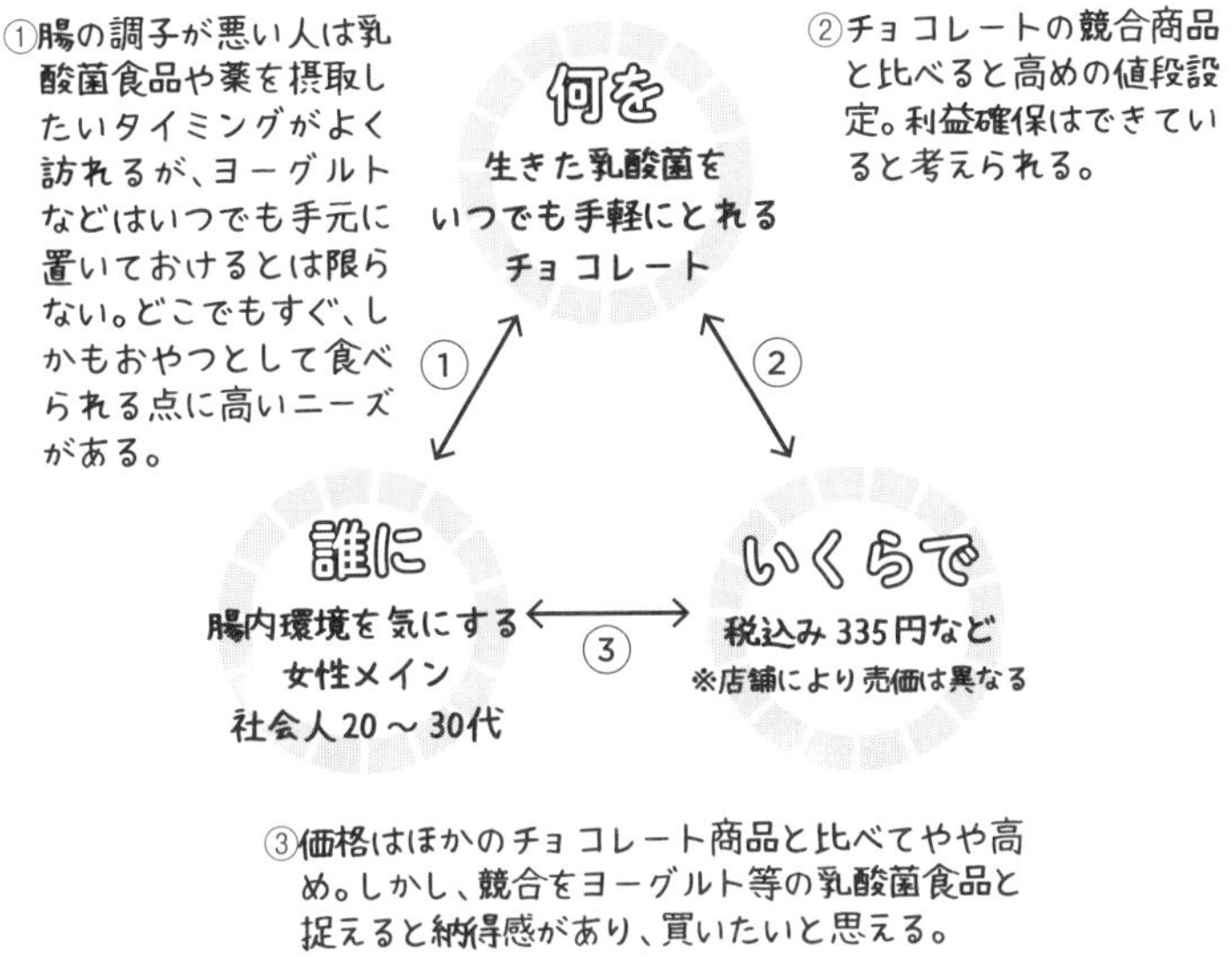
①腸の調子が悪い人は乳酸菌食品や薬を摂取したいタイミングがよく訪れるが、ヨーグルトなどはいつでも手元に置いておけるとは限らない。どこでもすぐ、しかもおやつとして食べられる点に高いニーズがある。
何を
生きた乳酸菌を
いつでも手軽にとれる
チョコレート
②チョコレートの競合商品と比べると高めの値段設定。利益確保はできていると考えられる。
①
②
誰に
腸内環境を気にする
女性メイン
社会人20～30代
③
いくらで
税込み335円など
※店舗により売価は異なる
③価格はほかのチョコレート商品と比べてやや高め。しかし、競合をヨーグルト等の乳酸菌食品と捉えると納得感があり、買いたいと思える。

チョコレートです。

乳酸菌でおなじみの食品と言えばヨーグルトですが、ヨーグルトは賞味期限も短いし持ち歩くのもなかなか難しい。それに対して、「乳酸菌ショコラ」は、いつでも手軽に美味しく乳酸菌が取れるといううれしい商品です。

僕も腸の調子があまりよくないタイプなので、長年、ヨーグルトや整腸剤のお世話になっています。その当人からすると、このチョコレートは「よくぞ開発してくれた」と言いたくなってしまう商品で、発売当時に早速購入しました。

この商品を、「三角形メモ」に当てはめてみると、上図のようになります。

順に見ていきましょう。

①何を⇕誰に

僕はこの商品の場合、自分自身がターゲット顧客として当てはまるのでよくわかりますが、腸の調子が悪い人は深刻に悩んでいます。

僕も普段からヨーグルトなどの乳酸菌食品をよく食べたり、調子が悪い時は薬を飲んだりして過ごしています。ですから、好きな時に手軽に食べられる乳酸菌食品というものはとても魅力的ですし、何より、好きなチョコレートであるという点も、ごく自然に購入する理由になります。

市場環境としても、「腸内環境」という言葉は一般的になっており、腸内環境によいとされる発酵食品などはブームになっています。同じような強い競合商品もまだ市場にありません。

ですからこの商品は、まず、まさに僕のような腸内環境を気にしているターゲット顧客に価値を提供できており、①のバランスはとれています。

②何を⇕いくらで

次に、この価格設定で健全な利益があるかどうか、です。

この商品は、同じようなボリュームの他のチョコレート商品と比較すると高めの価格設定です。想像の範囲ではありますが、普通に考えると健全な利益がとれているうえで商品を発売していると考えられるため、②のバランスもとれていると言っていいでしょう。

③誰に⇕いくらで

そして、この価格でターゲット顧客が喜んで購入するかどうか、です。この商品企画に関して、売れるかどうかの大きなポイントはここでしょう。同じ売場に並ぶ競合商品より高くても売れるのか。どのくらいの価格設定ならお金を払ってもらえるか。これを見極めなければなりません。

腸をよくしたい人はいろいろと食べ物に気を使っていて、たとえばヨーグルトを選ぶ際も、「良質な乳酸菌」など、効果を打ち出している商品を選びたくなります。そういう商品は比較的高価です。

ですから、まさに僕のような、「腸の調子がよくなるならいい食べ物を選びたい層」にとっては、この値付けはそれほど気になるものではありません。

僕の感覚ではまさにターゲット層が喜んで購入できるラインのギリギリを突いていると感じます。

このように、実例を後付けで当てはめた形ではありますが、乳酸菌ショコラは「三角形メモ」をバランスよく書くことができる企画と言えます。

04 三角形メモで企画のバランスを整える

企画にしたいアイデアを選び、三角形メモを書いてみよう

では、実際に「三角形メモ」を使って、アイデアを、実現させるための企画として考えていきましょう。

まずは、第2章で説明したように、かけ合わせメモでつくったアイデアの中から、特に自分でも「買いたい」「使いたい」「やりたい」と思えるアイデアを選び出します。

ここでは、第2章で僕が出した、「可愛い声でエールをくれるペンケース」というアイデアをもとに、三角形メモを書いてみます。

このアイデアは、製品の最終イメージと、自分も買いたい商品になりそうなイメージが

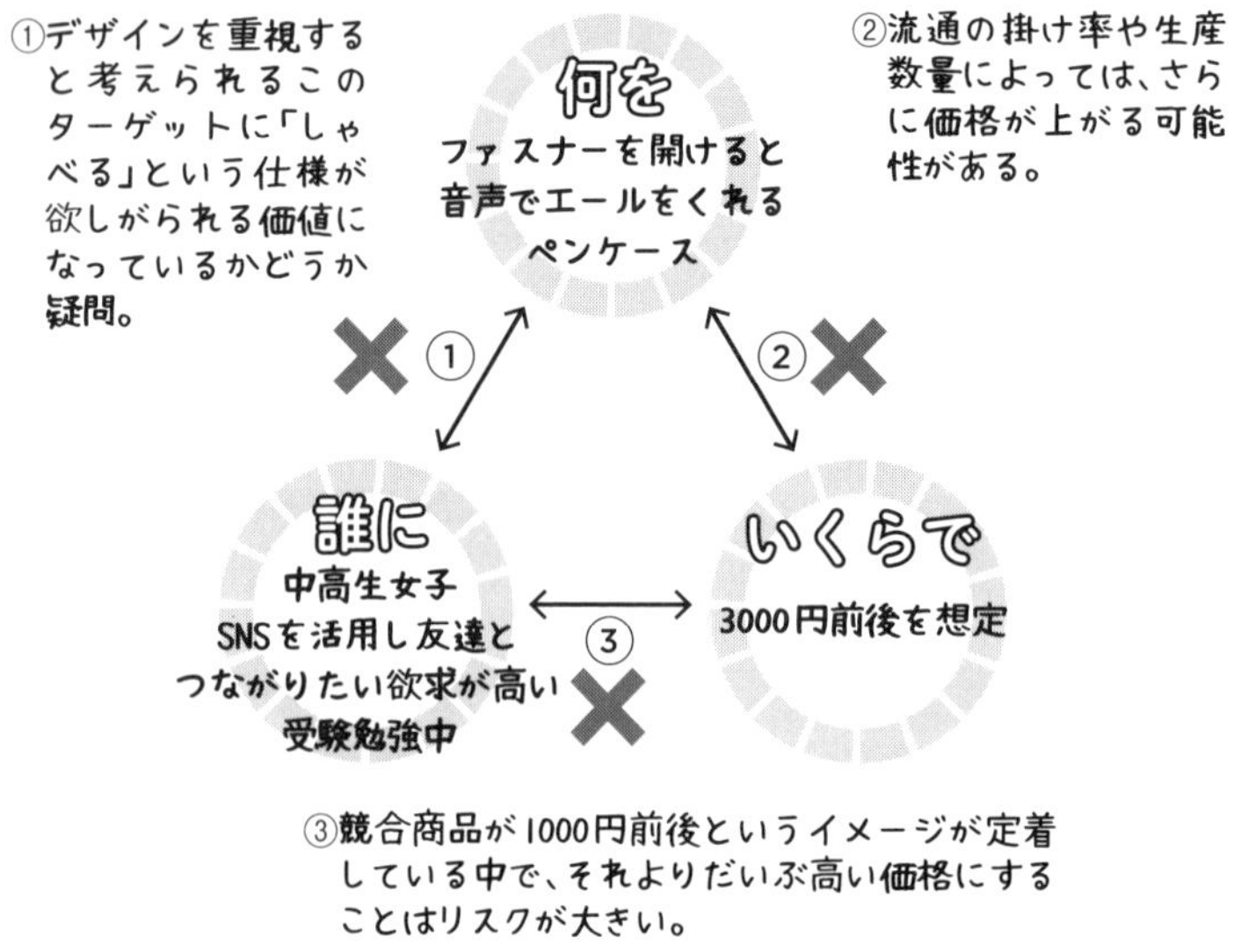
①デザインを重視すると考えられるこのターゲットに「しゃべる」という仕様が欲しがられる価値になっているかどうか疑問。
②流通の掛け率や生産数量によっては、さらに価格が上がる可能性がある。
何を
ファスナーを開けると音声でエールをくれるペンケース
①
②
誰に
中高生女子
SNSを活用し友達とつながりたい欲求が高い
受験勉強中
③
いくらで
3000円前後を想定
③競合商品が1000円前後というイメージが定着している中で、それよりだいぶ高い価格にすることはリスクが大きい。

スルッと湧くため、企画に落とし込めるかどうか検討できると判断しました。

三角形メモを書いてみると、上図のようになります。

図に記してあるように、この三角形にはところどころズレがあり、バランスがとれていません。

まず、③の「誰に」と「いくらで」の間のズレに気がつきます。

ペンケースを日常的に使い、欲しい商品にもこだわるのは、女子中高生の層であると考えられるため、そこをターゲット顧客にすることを考えてみました。その女子中高生向けペンケースの他社競合商品を調べてみると、1000円前後の商品が売れ筋になっているケースが多く見られます。そのような市場環境で、音声が出る仕様を考えて設定した3000円前後では高額だと捉えられ、購入のハードルが高くなることが容易に想像できます。

②の「何を」と「いくらで」の間も不安です。音声ICを使う商品企画であるため、生産数量が少なかったり、販売掛け率が低い流通で販売することになったりすると、さらに価格が上がってしまうことも考えられます。

また、①の「何を」と「誰に」もズレています。この商品を女子中高生が買うのか？と考えると、その層は「カワイイ」「シンプル」など、デザインを第一の基準として商品を選ぶと考えられるので、声で応援してくれるという仕様に、選ばれる競争力があるかどうか疑問です。

この「可愛い声でエールをくれるペンケース」の企画は、明らかに三角形のバランスを修正していかなければならない、ということがわかります。

三角形のバランスを整えていくためには、多くの場合「**何を**」の部分を考え直すことが必要になります。**この企画の一番の提供価値は何なのか**、を見直すのです。

「誰に」（ターゲット顧客の性質）や「いくらで」（利用コストの数値）を変えてみるのは、メモの上では簡単です。その2点をいろいろ変えてみるだけで三角形のバランスが整ったら話は早いわけですが、結局それほど簡単にはいきません。

「『誰に』（ターゲット顧客）を変えるなら、『何を』（提供価値）を見直さないとね」とか「『いくらで』（利用コスト）を変えるなら、『何を』（提供価値）を見直さないとね」などということになるはずです。

説明してきた通り、企画とは「何を」やるか。すなわち提供価値の強さに他ならないわけです。それが誰かの欲求に強く訴えかけるものであれば、おのずとターゲット顧客が決まり、それに見合った利用コストも設定することができて、結果的に三角形のバランスが整います。

05

企画の一番の価値＝「大トンガリ」をつくれ！

企画の一番大きな「トンガリ」は何か？

149ページで書いた通り、三角形メモの「何を」の部分には、その企画の「**一番の提供価値**」を書きます。その企画が人に提供する価値は一つだけではありませんが、その中でも、「この企画は○○である」と一言で言えるような「売り」をつくらなければ、三角形のバランスはなかなか整ってきません。

このような一番の提供価値を、僕はその企画の「大トンガリ」と呼んでいます。

この「可愛い声でエールをくれるペンケース」の大トンガリを何にするか、改めて考えてみましょう。

大トンガリを考えるためには、その企画を「欲しいと思う理由」になり得る要素を挙げていきます。

最も強い「欲しいと思う理由」になるポイントが、その企画の大トンガリです。

この企画に付加できる「欲しいと思う理由」を挙げていくと、たとえば……、

・しゃべる内容が面白く、やる気や元気をもらえる
・自分の好きな声（特定の声優？）が聞ける
・デザインが可愛い
・人に見せて話題にできる
・しゃべるところの動きがＳＮＳで動画映えする
・思わず何度もファスナーを開閉したくなる気持ちよさがある

など、いろいろと考えられます。

もともとは、「勉強したくなるように励ましてくれるペンケース」がもとになって出てきたアイデアですが、いろいろな欲求を刺激するポイントがつくれそうです。

その中で、今一度、この商品のどこが、ターゲット顧客の欲求を刺激する一番のポイン

トなのかを、客観的に想像し、本音で考えてみます。

僕は、多くの人がこの商品に一番魅力を感じるポイントは、「人に見せて楽しむコミュニケーションツールにする」という点ではないだろうか、と考えました。

アイデア段階では、デザイン上、口の部分になるファスナーを開けると決められた音声が再生されるという仕様を考えていましたが、その音声が毎回同じだと飽きるのも早いでしょうし、自分を励ましてくれることよりも、人に見せて笑わせたいという欲求のほうが多くあると気づいたのです。

そこで、自分で好きな音声を入れ、ファスナーを開けるたびに、それがスピーカーから再生されるという商品企画にすることを考えました。

具体的には、マイクロSDカードに音声を保存すると、「歌」「友人の声を録音したもの」「好きな声優のボイス」「勉強で暗記したい内容」など、なんでも自由な音声をペンケースにしゃべらせられるというわけです。そうすることで、ギフト商品として、その商品をあげる相手へのメッセージを録音しておいたり、その人が笑って喜ぶような面白い音声を入れておいたりして、人にプレゼントするという使用シーンが一気に広がります。

SNSで紹介する面白い動画もいろいろと考えることができます。

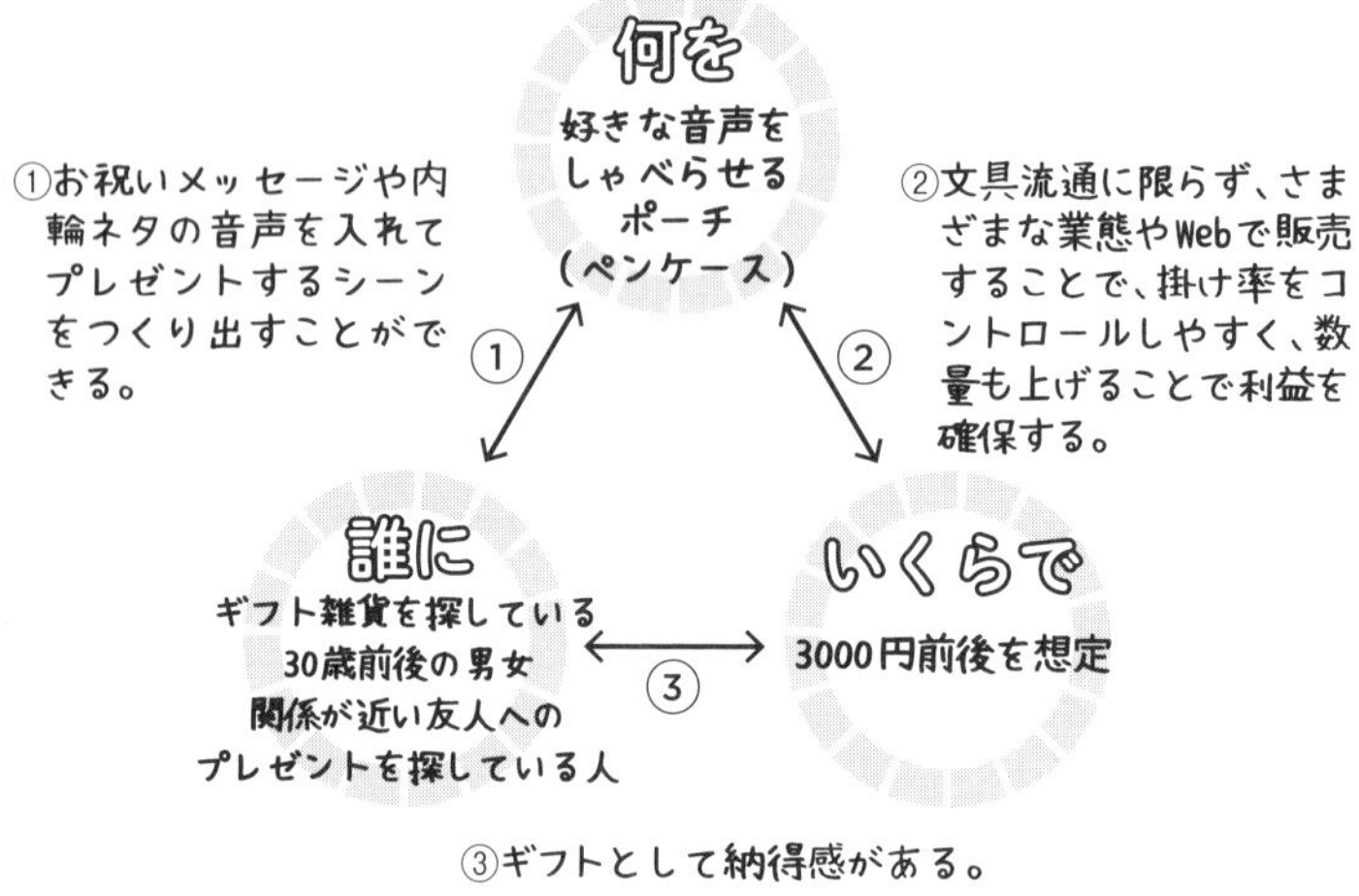
何を
好きな音声をしゃべらせるポーチ（ペンケース）
①お祝いメッセージや内輪ネタの音声を入れてプレゼントするシーンをつくり出すことができる。
②文具流通に限らず、さまざまな業態やWebで販売することで、掛け率をコントロールしやすく、数量も上げることで利益を確保する。
①
②
誰に
ギフト雑貨を探している
30歳前後の男女
関係が近い友人への
プレゼントを探している人
③
いくらで
3000円前後を想定
③ギフトとして納得感がある。

ただ、やはり女子中高生にとっては安くない価格設定になってしまうので、ターゲット顧客を「面白いギフト商品を探している大人層」に変更し、用途をペンケースに限定せず、ペンケースとしても使える汎用性の高いポーチとしてまとめていきます。

そして、低価格の競合品が並ぶ文具売場ではなく、主にギフト雑貨の店舗に並べて販売をする想定にします。ギフトとしての商品ということを打ち出すことで、価格帯が3000円前後となっても、許容できる価格帯に合わせられてきます。これにより、三角形のバランスが図のように整ってきます。

「大トンガリ」を一つだけにする理由

「好きな音声をしゃべらせることができる」。この**一点のみ**を、この商品企画の「大トンガリ」として設定します。他にも顧客の欲求を刺激するポイントはありそうですが、ターゲット顧客に一番刺さるただ一つの大トンガリを決めるのです。

なぜ、大トンガリは一つだけにしなければならないのでしょうか。

それは、ユーザーに最初に伝わることはたった一つだけだからです。

どんな企画にも、いろいろな売りや、いいところがあります。ユーザーになり、ファンになれば当然、いろいろなよい点がわかります。ですが、初めて企画を世間に対して打ち出す時には、たった一つのことしか伝えようとしてはならないと、僕は過去の自身の失敗経験も踏まえて痛感しています。

企画をつくっていくと、思い入れも強くなってきて、あれも言いたい、これも言いたいとなってくるものです。そして、いろいろな売りを伝えるためのキャッチコピーをいくつも並べ、結局何がいいのかよくわからなくなる、ということが起こります。

たとえば、玩具業界では、近年よく「スマートフォンと連動して遊ぶこともできる玩具」という商品が各種発売されます。例を挙げると、単体でも遊べるコミュニケーションロボットだけど、スマホと連動すると、もっと遊びが広がるよ！　というような商品などです。

このような商品を見るといつも感じるのは、

・商品単体の面白さ
・スマホ連動した時の面白さ

どちらを打ち出しているのかがわからなくなってしまっているということです。パッケージ表記や宣伝、販促物などで複数の売りを打ち出された消費者は、この商品のどこが面白いのかを判断するのに時間がかかり、混乱します。

おそらく、スマホを持っていない人にも、持っている人にもアピールしたいがために、つくり手が両方の仕様を強く打ち出そうとしてそうなっているのでしょう。**気持ちはよくわかりますが、本当にアピールしたいなら、ただ一つの売りだけを打ち出すべき**です。

もし、商品単体の面白さで勝負するならば、スマホとも連動できることは、買って開封して、遊んでから気づく、くらいにしたほうがいいです。

逆にスマホとの連動遊びが一番面白いのであれば、最初から、「スマホと連動して遊ぶのが最高に楽しいのである！」とだけ訴えるべきです。

両方を並列に出してしまうと、スマホをあまり使わない人は、

「私には関係のない商品だ」

と感じて関心を向けないでしょうし、逆にスマホユーザーにとっては、

「わざわざおもちゃと連動しなくても、スマホだけで近いことができるんじゃない？」

と思ってしまったりします。

ともすると結果的に、どちらのユーザーも取れなくなってしまうわけです。

06 企画の魅力を増す小トンガリは隠しておく

その企画にはどんな「小トンガリ」があるか

「可愛い声でエールをくれるペンケース」の企画は、大トンガリを「好きな音声をしゃべらせることができる」とし、ペンケースに限定しない多用途ポーチとして企画内容を修正しました。この大トンガリは、ユーザーに向けても発信する一番のメッセージになりますが、企画の提供価値は他にもいろいろとあるはずです。

これらは、「小トンガリ」として、大トンガリに惹かれて購入した人が、「こんないいところもあるんだ!」と、より感動するポイントとして具現化します。先にも述べましたが、僕はこの小トンガリは、「隠しておく」くらいが、よりその企画を強力にすると考えています。

［企画のトンガリとは？］

トンガリ＝商品の提供価値

特に今は、小トンガリを隠しておく戦略が効く時代になってきています。よく、最近は商品にウソや欠点があると、すぐネットの評判でばれてしまう、ということが言われますが、逆もまたしかりです。

商品のよい点を隠しておいても、インターネットの口コミで広まるのです。売りにしたい点をあえて言わないことは、勇気がいるかもしれませんが、そのほうが、「こんなにいいポイントが他にもあって、買った自分だけがそれを知ることができた！」という、さらに高いユーザー満足度につながります。その結果、その商品の高評価や情報拡散にもつながるわけです。


「可愛い声でエールをくれるペンケース」の企画でいうと、先ほども例に挙げたように、

「デザイン」

「ファスナーの開閉の気持ちよさ」

など、いろいろな小トンガリをつくれそうです。さらに、

「操作の簡単さ」

「軽さ」

「収納のしやすさ」

などの設計も丁寧に行い、小トンガリにします。

小トンガリは、いくつあっても構いません。

ユーザーが、買ったその商品のファンになり、周りに広めたくなるような小トンガリをたくさん仕込んでおきます。

「これでもか」というくらい、実際に使ってくれたユーザーを感動させられる小トンガリをつくれるよう、考え抜いてみましょう。

三角形メモでまとめた企画を企画書フォーマットにまとめる

社内の企画書フォーマットがあるならば、最終的には企画をそのフォーマットに落とし込んでいく作業をします。三角形メモのバランスが整っている時点で、人に欲しいと思われる強い企画内容はできています。それを企画書フォーマットに反映させていけば、すぐに企画書をまとめられるでしょう。

たとえば、僕が使っている商品企画フォーマットに、この三角形メモを落とし込んでみると、左図のような感じになります。

企画書の項目を埋めて体裁を整えるのは、社内などで企画を通すために大事な作業ですが、**最も重要なのは、「その企画を、お金を出して利用したい顧客がいる」ことに確信を持つこと**です。

そのために三角形メモを使って、ターゲット顧客が買いたいと思う提供価値をまず固め、そこからその企画を世の中でアウトプットするための諸条件を確認し、整理していきます。それで、やっぱりその企画を今実現させるのは難しいよね、となったら、さらっとボツにして、今のタイミングにズバリとハマる企画を見つける作業を繰り返します。

一見非効率的に見えるかもしれませんが、この方法でつくった企画は、欲しいと思ってくれる顧客が必ず存在する強い企画になります。

商品企画書

企画名

ペチャクチャポーチ

ターゲット顧客

30歳前後社会人男女（女性寄り）。ちょっとしたプレゼントを友人や職場、家族に上げるのが好きで、よく雑貨店などを見て回る。SNSを毎日使っていて、動画もアップする。社内では、上司との関係を円滑にしたり、同僚とのコミュニケーションを楽しくしたりしたいという潜在欲求がある。

価格

2,980円（税込）

売場

・店舗A　ギフトコーナー
・店舗B　ポーチ・バッグコーナー
・店舗C　バラエティ玩具コーナー
・店舗D　文具売場（ペンケース）

キャッチコピー

ポーチに好きな言葉をしゃべらせることができる!!

商品仕様

概要

・キャラクターの口（ファスナー）を開けると、自分がしゃべらせたい言葉をおしゃべりする!
・マイクロSDカードに音声データを入れて挿入すると、入れた音声を順番に話す!
　―上司への、ありがとうメッセージ!
　―暗記したい勉強フレーズ!
　―好きな曲や、声優のボイスなど!?
　―友人の口癖をモノマネで…?
……使い方は無限大!

【さらなる付加価値として…!】
・デザインは3種類で、目の形などが異なる。自分がしゃべらせたい音声に似合うデザインが選べる!

プロモーション

・売場重視。サンプルを出してさまざまな音声を収録しておき、実際に触らせる。
・SNSで、いろいろな音声をしゃべらせる動画アップを促すキャンペーンを実施。

07 大トンガリと小トンガリのバランスが絶妙な商品とは？

「けん玉」と「ケーキ」の事例

僕が大好きな、とある「けん玉」の商品があります。

この商品には、

・技を決めやすい

・デザインがカッコイイ

という2つの売りがあります。

つくり手としては、両方とも打ち出したいと思うかもしれません。しかしこのけん玉は、「デザインがカッコイイ」だけを徹底的に打ち出しているのです。

これが商品の「大トンガリ」です。

それで、クールにカッコよくけん玉をプレイしたい人に訴求し、やってみたら、「あれ、技がめちゃくちゃ決めやすいぞ⁉」となるわけです。

そうすることで、「この商品はカッコいいだけじゃなく、技も決めやすい。素晴らしい商品だ！」という、買った人だけがわかる「隠された売り」、つまり「小トンガリ」を口コミしたくなり、いい評判が拡散されていきます。

商品も情報もあふれ、一つのコンテンツに触れる時間が必然的に短くなっている今の時代、いろいろな人が一生懸命、大衆に伝えたいと思って発信しているものごとを、みんなが素通りしていきます。その中で、**ファーストインパクトでその企画に気づいてもらい、歩み寄ってもらうために、どんな大トンガリを誰の欲求に強く刺すかを徹底的に考えなければなりません。**

それができて初めて、その企画を求めるターゲット顧客が生まれ、お金を出してでも利用したい、と思ってもらえるものになります。その時点で三角形メモのバランスができあがり、売れる企画になるのです。

大切なのは「一番伝えたいことは、これしかない」と確信できる大トンガリなのです。

ここで一つ、実際に形になった企画の事例をご紹介したいと思います。

過去に企画開発のお手伝いをさせていただいた「VR（ヴァーチャルリアリティ）ケーキ」という商品があります。

ケーキと、スマートフォンを挿入して覗き込むとVR映像が見えるゴーグルをセットにした商品で、映像を見ながらケーキを食べると、まるで女の子にケーキを食べさせてもらっているような感覚を味わえるというものです。

このアイデアを発想した時は、Webのショッピングサイトのクリスマスケーキ販売特集の担当者から、「かつてない面白いケーキを考えてほしい」という「お題」をいただいていました。

それに対して、さまざまな「ネタ」をかけ合わせてアイデアを考え、たどり着いたのが、VRでケーキを食べさせてもらえる、というものでした。

まったく新しいケーキの食べ方の体験提供にもなり、売れる商品になるのではないかと直感し、三角形メモを書いて企画としてまとめることにしました。

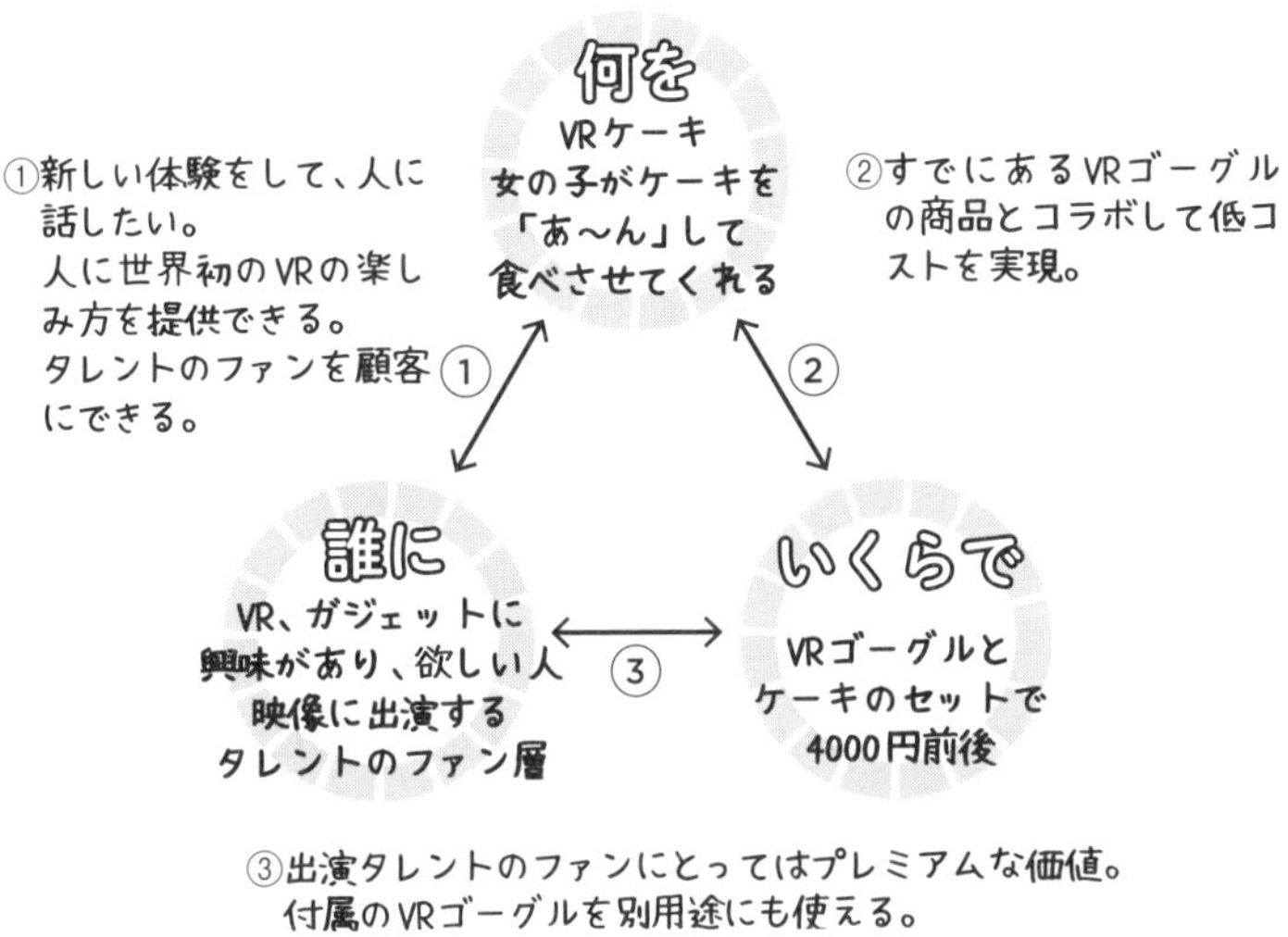
何を
VRケーキ
女の子がケーキを
「あ〜ん」して
食べさせてくれる
①新しい体験をして、人に話したい。
人に世界初のVRの楽しみ方を提供できる。
タレントのファンを顧客にできる。
②すでにあるVRゴーグルの商品とコラボして低コストを実現。
①
②
誰に
VR、ガジェットに
興味があり、欲しい人
映像に出演する
タレントのファン層
③
いくらで
VRゴーグルと
ケーキのセットで
4000円前後
③出演タレントのファンにとってはプレミアムな価値。
付属のVRゴーグルを別用途にも使える。

この企画の大トンガリは何と言っても、「女の子に食べさせてもらえるケーキ」という点で、商品のキャッチコピーとしてもわかりやすくインパクト大です。これをもとに上図のように三角形メモをバランスよく書くことができました。

また、この企画にある他の提供価値を、次のような「小トンガリ」として付加しました。

・視聴できるVR映像は一種類だけではなく、いろいろな映像を楽しめる
・付属のゴーグルは、他のVRコンテンツも見られる汎用性のあるものとして活用できる

そして、左図のように簡易的な企画書にまとめ、あとは、どんなタレントを起用するか、どんなケーキにするか、などの企画詳細を詰めていった結果、依頼先もメーカーも、皆が納得して販売できる商品をつくり、発売させることができました。

結果として、同じWebサイトで他に出品されていたさまざまなクリスマスケーキと比べても、売れ行きは上々だったとのことです。

この第3章までで説明してきたように、企画は、

1.「欲しいと思うものごと」を集めたネタ帳をつくる

2.考えたい「お題」と「ネタ」をかけ合わせ、企画の原案となるアイデアをつくる

3.アイデアをもとに、「三角形メモ」を書き、売れる企画にまとめる

という3ステップでつくります。

ぜひこの方法をもとに、多くの人に欲しがられる企画をどんどんつくってみてください。

そして、もちろん考えた企画は実行し形にしなければなりません。企画を実現させるには、いくつもの困難が立ちはだかることでしょう。それを乗り越え、人々や自分自身に価値を与えるために重要な考え方を、次の第4章で紹介していきます。

商品企画書

企画名

VR（ヴァーチャルリアリティ）ケーキ

ターゲット顧客

・出演女性タレントのファン層
・ガジェットに関心があり、VRゴーグルが欲しい層
・VRコンテンツに関心がある層
・いち早く新しい体験をしたいガジェット市場のリーダー層

価　格

4,000円前後（税込）

売　場

・Web販売限定

キャッチコピー

世界初!? かわいい女子に「あーん」してもらえるケーキ!

商品仕様

概　要

・スマートフォンを挿入すると、360°VR映像が見られる簡易ゴーグルと、ケーキのセット商品。
・彼女と2人きりの部屋にいるような映像を見ながら、手元にあるケーキと同じケーキを映像内で「あーん」と食べさせてもらうことができ、まったく新しい食べ方の体験ができる。

【さらなる付加価値として…!】
・いくつかの映像コンテンツを楽しめる。
・スマートフォンの専用アプリで、さまざまなVR映像コンテンツを見られる。ケーキを食べ終わった後でも、VRゴーグルとして幅広く楽しめる!

プロモーション

・アニメファンやガジェット好きが見るWebニュースメディアにて記事を配信できるように、記者発表会（体験試食会）を実施。

column

プロモーションプランはいつ考える？

社内の企画書などを書く際には、プロモーションプランの提示を求められる場合が多いでしょう。

僕はプロモーションに関しては、あえて三角形メモを書く段階では考えず、企画書に落とし込む時や、企画を進め始めるタイミングなどで考えるようにしています。

なぜなら、**プロモーションの面白さありきで商品を考えてしまうことは、危険**だからです。

三角形メモを書く際にも、マーケティングのことを考えながらバランスを考えるという説明をしましたが、その段階ではプロモーションのことは考えていません。

プロモーションプランは、「商品をどうやって伝え、売るか」であり、非常に重要

です。しかし、考えついたプロモーションプランが面白いから、この企画は顧客が買いたいものになっている、と勘違いしてしまうことはよく起こります。

実際に僕も過去にそのような失敗をしてきました。たとえば、新製品リリースの面白い見出しを先にイメージしてしまい、「これは絶対にWebで話題になるぞ」とワクワクして企画を走らせ、ふたを開けて見ると、確かにWebでは話題になったけれども、商品が売れなかったということが何度かありました。

SNSの影響も強い今の時代、「写真映え」「拡散しやすい」「ニュースになりそう」など、Web上での面白い扱われ方ばかりに気を取られて、求められない企画を実施してしまうことは、起こりがちな失敗例です。

そうならないためにも、最初にその企画が買いたいものになっているかだけを見極める三角形メモを書き、そのうえで顧客に伝えるためのプロモーション施策を検討するという順番で考えます。

世の中への企画の伝え方も、もちろん重要ですが、企画自体にニーズがあるかどうかという本質を見誤らないように、くれぐれも注意してください。

第4章

企画を実現させるためのマインドセット

01 企画づくりのエネルギーを最大化する

最初のエネルギーをどれだけ高められるか

企画を実現するのはとても大変です。

もちろん一人で事をなすことはできないので、多くの人を巻き込み、協力してもらわなければなりませんし、自分でも幾多の壁を乗り越えるために、ものすごいエネルギーを使います。そんな中で、企画を実現させるための考え方をいくつかお伝えします。

企画を練り上げた当初は、自分の中でも気持ちが盛り上がっているはずです。しかし、いざ実現に向けて企画を進行していくと、必ずさまざまな問題が発生してきます。そのうちに、だんだんとその企画への情熱が少なくなっていってしまうことは現実によく起こります。心が折れていくのです。

また、「飽き」という敵も現れます。時間がたっていくと、初めは高い情熱を持っていたはずなのに、少しずつ飽きていってしまうことは普通に起こります。こんなに企画をつくることが大好きな僕も例外ではありません。大変なことが続くと心は折れますし、飽きることもあります。

もちろん、壁が立ちはだかれば燃え、先へ進むにつれてどんどんやる気が高まっていくのが当然だという人も、中にはいるでしょう。

しかし、僕はそういう人は特殊な存在で、実際には、大変なことが起きたり、誰かにダメだしされたりすると、徐々にその企画への情熱が減っていってしまうことは当然だと思っています。

僕は、自分に弱さがあることを知っているからこそ、だんだんと情熱を高められることを前提にせず、「多少飽きてもまだ超ワクワクしている」ぐらいの企画をスタートさせることを重視します。

そうすれば、壁が立ちはだかっても、圧倒的に高いエネルギーで楽しみながら乗り越えて進むことができます。

そのためには、企画を進める理由が建て前ではいけません。

「この企画を自分自身が絶対に利用したい。利用することで、今より圧倒的に幸せな人生を手に入れたい」

という、自分のための本音の欲求を持つことが必要です。

そこまでの欲求があれば、たとえば上司や取引先からの反論があっても、「いやいや、だって僕がこんなにこの企画のユーザーになりたいんだから、ダメなわけないでしょ」と、むしろ相手がちょっと変なんじゃないか、くらいの感覚で跳ね返し、気にせず進むことができます。


スタートする時に、やりたい気持ちがあふれ出ている企画をつくる。

そして、「進めよう！」と気合いを入れなくても、勝手に進めてしまっている企画が、結果的に成功するものです。

02 ボツ企画がたまれば売れる企画が見えてくる

ボツ企画はコレクションする

企画を連発できるようになるために一番おすすめする方法が、「ボツになった企画のコレクション」です。企画書を書いて、「いける！」と思い、スタートしてみたけれど、いろいろな壁を突破できずにボツになった。

こんな企画は、ぜひ楽しみながら「ボツ企画」として集めていってほしいものです。

最近の僕は、企画書を書いてはみたものの「あーこりゃボツだな」となった企画は、惜しいところまでの面白さがあれば、奥さんや娘に話して笑いを取って喜んでいます。会社員時代も、かわいい後輩の女子に、自分のボツ企画コレクションを見せて、「俺はこんなん考えちゃったんだぜ」と自慢して喜んでいました。

変人だと思われるかもしれませんが、このような状態になることができれば無敵です。ボツネタコレクションは一手法かもしれませんが、ボツになってもヘコまないような仕掛けやルールづくりを自分なりにしておくことはとても重要です。

アイデアや企画を考えることが苦手な人は、ダメな考えばかり浮かぶことが「無駄である」と感じて嫌になり、やる気をなくしてしまうものです。時間をかけて企画を練ったけれど、ボツになってしまったことを、無意味だったと思ってしまうのです。しかし、まったくそんなことはありません。むしろ、**ボツ企画を「ボツ」であるとわかった経験は、ものすごく貴重**です。一生懸命、実現させようとした企画がボツになった「理由」が手に入るからです。

僕は企画について、本を読んだり、人から学んだりして勉強もしますが、

企画を手書きで時間をかけて練り、

実現しようとして小さな一歩を踏み出し、

いろいろ調べたり仲間に声をかけたりして、

結局企画を実現させられずにペンディング（保留）した、

という体験からの学びには、座学からは得られないとてつもなく大きな価値があります。

[ボツ企画は貴重な財産]

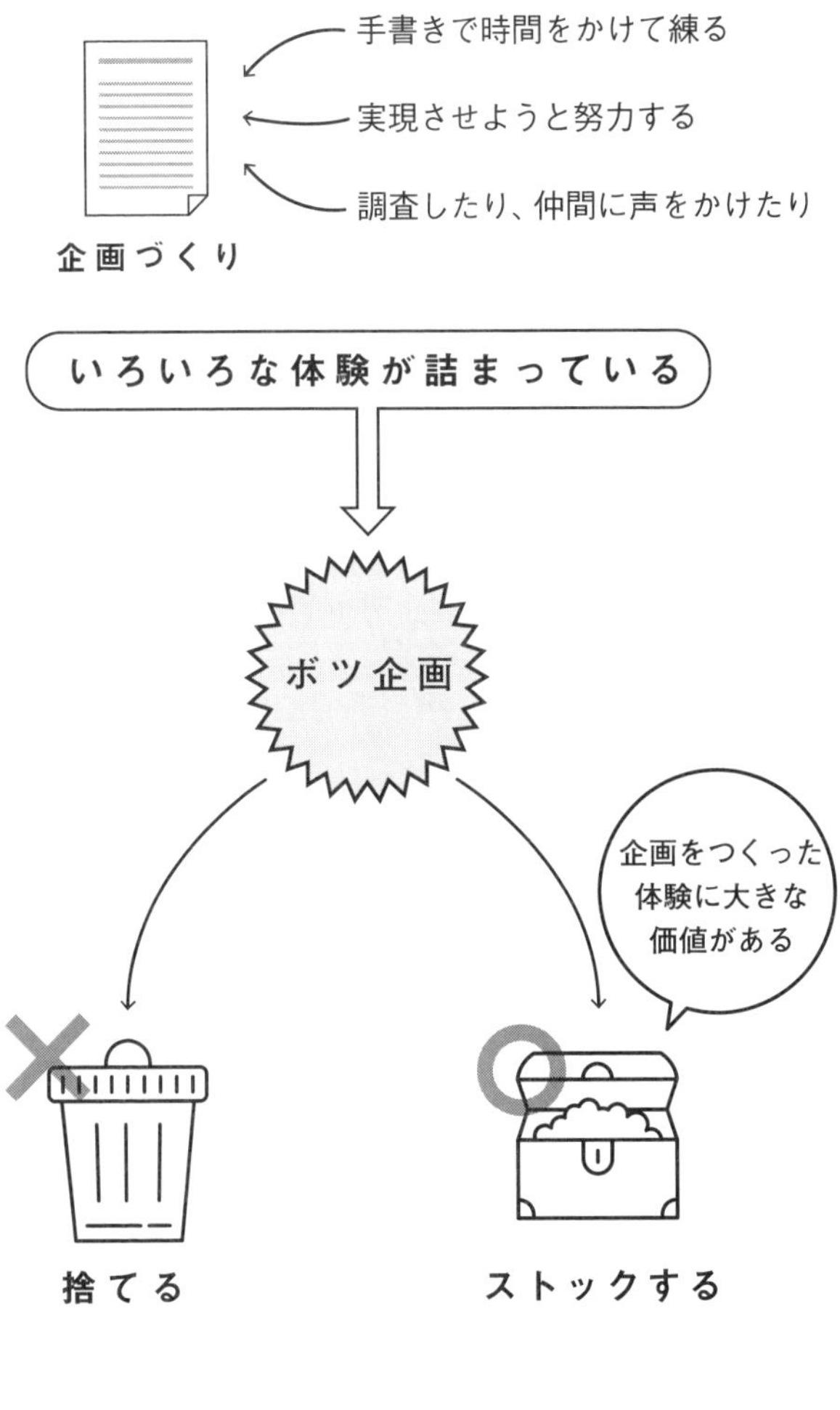
手書きで時間をかけて練る
実現させようと努力する
調査したり、仲間に声をかけたり
企画づくり
いろいろな体験が詰まっている
ボツ企画
企画をつくった体験に大きな価値がある
捨てる
ストックする

成功と失敗の両方がないと学べない

企画者として成長するためには、「失敗体験」と「成功体験」の両方が必要不可欠です。どちらか一方だけではダメです。

たとえば、商品企画の話で言うと、いろいろな商品を発売してもことごとく売れず、そのまま企画の仕事が嫌になってしまう人もいるかもしれません。そうならないために、企画を実現したら、それが結果としてどうだったのか、必ず振り返るようにしてください。

いろいろな企画を実現してきて、今回の企画が前回より悪い結果だったら、「なぜそうなったのか」を分析し整理します。そうすることで、ダメだった理由がわかります。

次にまた別の企画を実施して、仮に前の結果より少しでもよかったとしたら、「なぜそうなったのか」をまた分析し整理します。そうすることで、よかった理由がわかります。これを繰り返すことだけが、成長できる唯一の方法です。

ずっと失敗し続けて、理由も曖昧なままにしておくと、何もわかりません。反対に、運よくずっと成功し続けて、その理由も考えずにいると、やはり何もわからず、状況が変わってうまくいかなくなった時に、何もできなくなってしまいます。

本当は、企画を小さくでも立ち上げて、お客さんを集めようとして、全然誰の心にも響かなかった、という実体験まであれば一番学べるのですが、ひとまず企画段階で明確な理由でボツになることは、金銭的コストを最小限にとどめたうえで得られる大きな経験です。**「なぜダメだったのか」「なぜ誰もついてこなかったのか」「なぜ実現できなかったのか」などの理由が蓄積されると、「では、実現できて、人々を喜ばせられる企画とは何か」がだんだんとわかってきます。**この楽しさを覚えることが、企画の仕事をするための絶対条件だと僕は考えています。

もしあなたが、企画の仕事に携わっているのであれば、とにかく小さな一歩を何回でも踏み出し、そのたびに振り返ってほしいのです。何もしないと、何も起きないし、何もわかりません。「わかる」ことはとても価値のあることです。

僕にとっては、ボツ企画を集めることもそうですが、企画の失敗談を集めていくことも、ある意味企画の醍醐味だと感じています。それが、後の成功につながることを経験上知っているからです。

03 プレゼン準備は企画づくりと同時並行

企画を通すためのプレゼンテクニックは存在する？

企画が頓挫するパターンとして、

・客先や部内でプレゼンをしたが、通らなかった
・上司に相談したら、止められた

というように、他人の合意を得られなかった、ということは多々あると思います。
僕は、プレゼンは「結婚のプロポーズ」と一緒だというイメージを持っています。

プレゼンと聞くと、提案内容をいい感じで見せて、とにかく好きになってもらう、というようなイメージで捉えている人も多いのではないでしょうか。

決してそんなことはなく、**プレゼンは、提案する側と受ける側の結婚（合意形成）**であると僕は捉えています。

だから、プレゼンが通らなかったら、それはそれで幸福な結果なのかもしれません。いろいろな誤解や勘違いがあるまま結婚生活を進めても、いいことはありません。

プレゼンは、さらけ出す行為です。弱みも含めて、やりたいことと現状をさらけ出し、それで受け入れてもらえた企画が、人を巻き込み、成功に向かって進んでいくのです。

不利な部分を隠して仮に提案が通ったとしても、後々、話が違うことになって、信頼を失うことにもなりかねません。

僕も過去に、その場でどうしても通したい企画があり、ぎりぎりの納期とコストを提示して承認を得たものの、後々コストも納期もオーバーしてしまう結果になり、大変なお叱りを受けたという非常に苦い経験をしたことがあります。

そうなってしまうと、余計に他人に迷惑がかかる結果にもなってしまいます。

現在は、プレゼンでは格好つけることなく、本音や現状をできるだけさらけ出すことを心がけています。

お互いの言いたいことを全部場に出し合って、提案者と受け手の向く方向を同じにしなければ、結局企画が通っても、誰も幸せにはならないという結果を招いてしまいます。

とはいえ、現実にはどうしても通さなければならないプレゼンはあるかもしれません。その場合は可能な限り、事前に関係者に根回しをして、意図をより深く理解してもらったり、課題を教えてもらったりするというような努力をしたほうがいいでしょう。

プレゼンは強力な大トンガリの一撃で決める

僕は、プレゼン内容は、企画を詰める段階で同時に並行して考えます。

プレゼンとは、後付けで何を言って説得するかを考えるものではなく、要するに「三角形メモ」の内容をどう伝えるか、ということです。それらがちゃんと完成していれば、おのずとプレゼンで何を話したいかも決まってくるわけです。

三角形メモは、「何を」「誰に」「いくらで」売れば、マーケティングができるのか、つまり「企画を勝手に売れていく状態にすることができるのか」ということを確認するものです。その内容がしっかり伝われば、プレゼンの受け手に納得感を得てもらうことができます。

それを伝えるためには「大トンガリ」の強さが重要です。**大トンガリは「顧客の心を動かす一撃」です。それが、そのままプレゼンの受け手の心を動かす一撃にもなっていることが理想です。**

三角形メモを書きながら、この企画を関係者にプレゼンしたら、伝わるかどうかをイメージして考えていくと、その企画に何が足りないか、どこが欠けているかがよくわかり、企画をよりよいものにしていくことができます。そして同時に、よりよい伝え方も見えてきます。

企画の価値を顧客に伝えることと、企画を通すためにプレゼンすることは同じことであり、別々に考えてはいけないものなのです。

04 コストへの恐怖はチームで克服

費用をかけるリスクを乗り越えるために

ビジネスのためにお金を使うのには勇気がいります。

会社の現場担当の立場であれば、費用をかける怖さをそこまで感じない人もいるかもしれませんが、少なくとも自分が企画に携わった案件で赤字が出てしまったりするのは辛いでしょう。ましてや会社で数値計画を預かる管理職や、経営者という立場では、お金を使うことは、怖いのが当然です。

そもそも、社内で企画が通りづらいのは、当然のことながら、「採算が取れるのか」「損をしないか」というリスクをシビアに見られるからです。その恐怖心やリスクを乗り越えなければ、企画を実現させることはできません。

それを乗り越えるために、プロジェクトチームをつくって企画を進める、という方法をおすすめします。僕は実際にほとんどのケースでこの方法をうまく使い、企画を実現させています。

独立起業している現在で言うと、たとえば先述したカードゲーム『民芸スタジアム』は、株式会社妄想工作所の乙幡啓子さんとの共同プロジェクトです。

開発投資も利益も折半です。万が一失敗して赤字になるとしても、リスクを分担することができるわけです。

また、こうすることで、投資リスクの軽減以上に、ものすごくいいことがたくさんあります。

まず、アイデアの質が劇的に高まります。2人で考えるアイデアは、2倍をはるかに超える相乗効果を生み出します。

そして何といっても、実行力が違います。

結局、企画を実現させるためには、行動しなければならないわけで、それを何もかも一人でやるのは、無謀であり効率が悪いとしか言いようがありません。

誰にでも得意・不得意があります。いろいろな人の得意技を集めてチームでアクションをすることで、企画書の上に描いていたことが現実に動き始めるのです。

さらに、企画を立ち上げる時の告知・宣伝力や味方の数も、メンバーが増えた分だけ高まります。たった一人で立ち上げるより、必要なメンバーを集めて企画を実行していくほうが、いいことずくめなのです。


社内で進める企画に関しても同じことが言えます。組織で決められたチームで動くことばかりを考えずに、たとえば予算に関して決裁権を持っている上司や、自分にない得意技、人脈を持っているメンバーを巻き込んで、その企画のためのプロジェクトチームをつくってしまえばいいのです。**うまく周囲を巻き込みながら立ち回ると、企画が通りやすくなったり、いいものをつくりやすくなったりします。**

余談ですが、僕は会社員時代、発言力があってしっかりとした意見を言うことができる若い女子社員をプロジェクトメンバーに入れて味方にするという技をよく使っていました。女子の意見は、オジサンに対してものすごい威力を発揮します。

異性である自分はその感性がはっきりとわからないため、強く主張されると同意せざるを得なくなるのです。

仕組み上、なかなかそういうことができない組織もあるかもしれませんが、枠を超えて必要なメンバーをそのプロジェクト限定で集め、巻き込んで結託するという考え方を持ってみましょう。

プロジェクトチームのつくり方

僕はもともと気が弱いほうなので、「人を力強く巻き込んで事をなす」というようなことは正直あまりできません。

代わりに、**「巻き込まれるように巻き込む」**というテクニックを使っています。

まず、自分の企画を実現させるためにこの人が必要だ、という、メンバーになってほしい人がいるとします。その人に、

「あなたの力を貸してください！」

ではなく、

「あなたがこの企画をやって、僕の力を使ってください！」


というスタンスで熱意を伝え、巻き込んでチームになるのです。

正確には、そういう力関係になるというわけではなく、いかに**相手に「自分ゴト」として乗ってもらえるかを重視**します。

たとえばそこに、デザイナー、エンジニア、スポンサー、流通の人……とプロジェクトメンバーが集まってきた時に、自分はそれを取りまとめるリーダーになっているのではなく、みんなをつなぐ人、のようになっていることが理想です。

もちろん自分もリーダーとして機能しているのですが、各自の役割を明確にして、メンバー全員が必要な局面でそれぞれリーダーになれるチームをつくります。

そして、全員が変な気を遣わずに、企画の成功に向けて邁進できるメンバーを構築していくことが重要です。

各メンバーとの関係も都度設計します。たとえば、Ａさんとは、資金をお互いに出し合って、利益も（リスクも）分け合うという関係になるけれど、Bさんとは、業務委託費を支払って仕事をやってもらい、利益は分配しないという関係になります。人それぞれ、関わる範囲を明確にするのです。そうすると、いわゆる「船頭多くして船山に登る」といった状態になることを避けることができます。

プロジェクトの中心で最後まで頑張る人もいれば、ほんの少し応援するだけのチームメンバーがいてもいい。役割を終えて途中でプロジェクトから外れたほうがいい人は、外れてもいい。無理に「チームメンバーだから、全員同じくらい頑張れ」とするのではなく、全員が種類も量も違う役割を果たしながら、企画を進行させていきます。

大事なのは、**どのような立場、関わり方であっても、全員がその企画をワクワクしながら自分ゴトとしてすすめられる関係をつくり出すこと**です。各自が一番いい形で関わりながら、その企画を大好きなままで、世の中に立ち上げることが成功の秘訣だと僕は考えています。

チーム一丸となって企画を世の中に立ち上げ、成功させる喜びは格別です。人を巻き込みながら、小さなスタートを大きく育てていくことに、ぜひチャレンジしてみてください。

おわりに

最後にもう一つ、企画を実現させるために大切なことをお伝えします。

やりたいことがそんなにないフツーの人こそ、企画をつくるのに最も向いているということを知ってください。

仕事をするからには、自分の力で多くの人に価値を与えたいと思うのは当然のことです。僕もそんな気持ちから、商品企画の仕事に就きました。

しかし新社会人になった当時の僕は、「何かやりたい」という気持ちだけで、具体的に何をやりたいかはまったくわかりませんでした。

本書では、「自分の欲求をもとに企画をつくって実現しよう」というお話を続けてきましたが、そもそも、新しい企画をつくりたいなんて、まだ思えない人のほうが多いのかもしれません。現代の生活は満たされていて、強い欲求をたくさん持てる時代ではないのかもしれません。

僕だって、クリエーターになった今でも、世の中に不満があるわけでもなければ、抑えきれない欲望が次々にあふれるわけでもありません。買い物をたくさんするわけでもないし、年中遊びまわっているなんてこともない、まさに庶民の中の一人です。

だからこそ、そんな庶民の自分が「こんなものがあったら絶対に買いたい、使いたい、やりたい！」というものを考えついた時の喜びと情熱は、とても大きくなります。僕は企画の仕事をし続けて、そのことに気がつきました。

欲求があまり見つからない人が見つけた「本当の欲求」には、ものすごいエネルギーがあります。そんなに買い物をしない庶民的感覚を持った人が見つけた「本当に買いたいもの」には、大ヒットの可能性があります。

フツーの人が感じた強い欲求の周辺には、他の多くの人にも幸せと価値を提供できる要素があるはずです。だから僕も、買い物の時にちょっとした値段の差を気にするような庶民的感覚を持ち続けて生活することをとても大事にしています。

フツーの人こそ、世の中に最も多く存在する大勢のフツーの人たちを巻き込める企画をつくれる能力を持っています。

新しいことをやりたいけど何をやっていいかわからなかったフツーのあなたこそが、自分も他人も幸せにできる企画を見つけて成功できる人間なのです。

本書をお読みいただき、「企画」というものに少しでも興味を持ってくださった方々、まず自分の中に隠れている、自分でも気づいていなかった「欲求」を見つけることを始めてみてください。「欲しいと思うものごと」を、ネタ帳に一つひとつ書いていく。それだけで、新しい自分を発見することができます。今まで気づいていなかった、自分の中にある潜在的欲求を見つけることとは、ちょっとした「生まれ変わり」です。

「こんなものがあったら、買いたい、使いたい、やりたい」

新しい「ネタ」が見つかることは、自分にとって幸せな仕事をつくる第一歩。それは本当に楽しくて幸せなことです。日々の業務で、企画に苦労している方も多いと思いますが、企画は決してやらされ仕事ではありません。「自分の欲求を満たすための作戦」です。誰にでも、仕事を通して、自分が欲しいと思うものごとをつくれるチャンスがあります。

皆様一人ひとりが、メモの力でやりたい企画に出会い、仕事がどんどん楽しくなることを僕も楽しみにしています。

この本の企画から編集まで丁寧に担当してくださった、あさ出版の財津勝幸さん、株式会社ウサギを二人で一緒にやっているパートナーのトーマス・ティール、マネジメント会社（有）PREGIOの大久保奈美さん、その他これまでお仕事でご一緒いただいたすべての方々、そして、いつも笑顔で支えてくれている妻と二人の娘にこの場を借りて感謝を伝えたいです。ありがとうございます！

商品開発や企画チームづくり、講演・研修など、お仕事でご一緒させていただけることがありましたら、お気軽にお声がけいただけるとうれしいです。

2018年2月

株式会社ウサギ代表取締役　高橋晋平

巻末付録

高橋晋平の
「ネタ帳」にメモされている
100ネタ紹介

第1章でご紹介した、僕が普段から「欲しいと思うものごと」をメモしているネタ帳の中から、100ネタを厳選してご紹介します。

実際のネタ帳には、純粋にネタの名称だけを箇条書きしていますが、ここではそれぞれのネタの「概要」と「欲しいと思う理由」も書き足しています。

皆さんにも、自分だけのネタ帳をつくっていただきたいのですが、僕がどんなものごとをどのようにメモしているか、参考にご覧ください。

また、この中に「欲しいと思うものごと」がある人は、まずこちらのネタ帳を使って、かけ合わせでアイデアを考える練習をしていただいてもOKです。

泡の色が変わるハンドソープ

概要　手を洗っているうちに泡の色が変わる。子供が楽しみながら手を隅々まで洗える。

理由
- 子供に進んで手を洗ってほしい
- 不思議な現象を見てみたい

甘すぎない甘酒

概要　無加糖で、自然な甘さを味わえる甘酒。甘酒は喉がひりひりするくらい甘かったりするので、飲みやすいものが欲しい。

理由
- 普通の甘酒は甘すぎて飲みづらかったので、飲みやすい甘酒で腸内環境をよくしたい

大人の数学教室

概要　大人が、自分のレベルに合わせて数学を習うことができ、仕事に活かせたり、学生時代に習った数学にどんな意味があったのかを改めて知ることができる。

理由
- 微分積分って何だったのか知りたい
- 数字に強くなりたい
- 昔より頭がよくなっているかどうかを試したい

ストレングスファインダー

概要　Webサイトで質問に答えていくことで、34種類の才能分野＝資質の中で、自分に最も強く表れている5つの資質がわかる。

理由
- 自分の強みを知りたい
- 弱みも知りたい

蚊を吸い込んで捕るウェル蚊ム

概要　USB駆動の吸引蚊取り機。光で蚊を誘って、ファンで吸引する。

理由
- 蚊に刺されたくない
- 虫よけスプレーや殺虫剤をあまり使いたくない

ブログネタを考えてくれるAI

概要
ブログやSNS、メルマガなどに各ネタを自動的に考えてくれるAIがないか？

理由
- 投稿するネタをラクに見つけたい
- 指定されたネタについて詳しく調べることで、興味がなかった分野に目を向けられるようになりたい
- 忙しくてもブログを休まず続けたい

早押しイベント　はじめてのクイズ

概要
本物の早押しボタンで早押しクイズに参加できるイベント。実際にクイズ大会を体験できる。参加者は皆が初心者。

理由
- TVのように早押しボタンを押してみたい
- 自分のクイズの実力を知りたい

写真うつり改善練習ミラー

概要
鏡の前で表情の練習をしているうちに、写真うつりをよくしていけるプログラム付きの鏡。

理由
- 写真うつりがよくなりたい（特に証明写真など、一発勝負の時）
- いい表情、笑顔ができるようになりたい

おざなりとなおざりの違い　記事

概要
見つけた記事の見出し。
思わず即クリックして読んだ。

理由
- 覚えて正確に使いたい
- 人に自慢したい

The Silver Pro　祖父母への手紙

概要
文面と写真を用意すると、毎月祖父母に手紙を届けてくれるサービス。

理由
- 家族を喜ばせたい
- 家族と仲良くなりたい
- 祖父母といろいろ話しておきたいし話を聞きたい

スマホサイズのドローンカメラ

概要　スマホケース一体型で持ち運ぶことができ、飛ばして内蔵カメラで自撮りをすることができる。

理由
- 飛ばして撮影してみたい
- 邪魔にならない小さいドローンが欲しい
- 最先端技術に触れたい

涙活

概要　泣ける動画を見るなどして、涙を流すことですっきりする会

理由
- 泣いてすっきりし、ストレスを発散したい

赤ちゃんの体温が測れるおしゃぶり

概要　おしゃぶりをくわえさせると、体温を測れる。スマホアプリと連動し、体温を表示させられるものも。

理由
- 暴れないように体温を測りたい

ダイアログ・イン・ザ・サイレンス　音のない世界

概要　音が聞こえない状態で、言葉の壁を越えた対話を楽しむエンターテイメント。ボディランゲージなど、音や声を出さず、互いにコミュニケーションをとる。

理由
- 初めての体験をして新しい価値観を得たい
- コミュニケーションがうまくなりたい
- 他人と仲良くなりたい

好きなビールのAmazon Dash Button

概要　ボタンを押すだけで、指定の商品を注文できるIoTデバイス。さまざまな商品に対応したボタンが販売されている。

理由
- 冷蔵庫に取り付けたボタンを押して注文してみたい
- ビールがなくなったらすぐ注文しておきたい

ポイント・ニモ 世界で一番人間から離れた場所

概要：地球上で最も人間から離れており、太平洋の真っ青な中にポツンとある点。島ではない。一番近いイースター島から2,689km離れているらしい。

理由
- 行ってみたい
- たった一人になってとてつもなく孤独な体験をしてみたい

暗闇コン

概要：真っ暗闇の中で行われる合コン。相手の顔は見えない。

理由
- 体験してみたい（恋が芽生えそうな気がする）

人工知能が気の合うママ友を教えてくれるアプリ

概要：Facebookと連携して、登録すると、家族構成や趣味、母国語などの条件から、気が合いそうな人とマッチングして、ママ友としてすすめてくれる。

理由
- 自分と合う、いい友達を見つけたい
- ママ友の煩わしい関係から逃れたい

Jimdo

概要：HTMLの書き方などがわからなくても、自分で手軽にHPがつくれるサービス。

理由
- HPを自分で簡単に更新したい
- HPのランニングコストを抑えたい
- デザインを簡単に変更していろいろと試したい

フリースタイルラップ

概要：即興でラップし、複数人でバトルする（TV番組「フリースタイルダンジョン」のような）。

理由
- 即興ラップができるようになりたい
- アドリブ力が欲しい

うんこ漢字ドリル

概要：うんこを使った例文で漢字を覚えられる小学生向けドリル。

理由
- 子供にやらせたら進んで勉強するか試したい
- 例文を見て笑いたい

手でクネクネと動かすTangle（タングル）

概要：クネクネ動かす感触が病みつきになる、輪っかのような玩具。

理由
- 病みつきになる新しい感触を味わってみたい
- ずっとさわりながら会議したり、会話したりしてみたい

1000円以上もする高級のり弁

概要：安くて定番の「のり弁」を、1000円以上する豪華なこだわりのものにしてみたお弁当商品。

理由
- 安いのり弁とどちらが美味しく、満足度が高いか、食べてみたい
- 感想を人に語りたい

ラテ・ファクターを疑う

概要：ラテ・ファクターとは、毎日のカフェラテのような小さな出費。それを切り詰めることで、目標を達成できるということ。その、むしろ逆を行ったほうがいい効果があるのではないか、と考えた。

理由
- むしろ、コーヒーやお茶1杯を買うことで、やる気や集中力を高めて生産性を上げてみたい
- 節約しない生活をしてみたい

わかりやすい文章の10大原則

概要：見つけた記事の見出し。思わず即クリックして読んだ。

理由
- 文章を書くのがうまくなりたい
- 文章を書くのが早くなりたい

メーターのない タクシー

概要　お金が徐々に上がっていくことのないタクシー。固定料金など。

理由
- お金の心配をしないでとにかく平穏な気持ちでタクシーに乗りたい(タクシーに乗ってるとなんか焦る)

つかめる水

概要　水に薬品をまぜると、つかめるようになる実験玩具。

理由
- やってみたい
- 子供に不思議な体験をさせたい

食べログの病院版

概要　食べログのように、ここの病院は何点とか、口コミに基づいた評判を知れるサービス。

理由
- 病院選びに失敗したくない
- 病院を探す指標が欲しい

記憶力を 維持するガム

概要　イチョウ葉抽出物のチカラで記憶力を維持する、機能性表示食品のガム。イチョウ葉抽出物は、中高年の方の記憶力(言葉や図形などを覚えたり、思い出す能力)を維持する機能があると報告されている。

理由
- 効果があるのかどうか試したい
- 味が知りたい
- 記憶力が子供の頃と比べて低下しているので、回復したい

廃墟ショッピング モール映像集

概要　つぶれたショッピングモールの中の映像を紹介しているYouTube動画。

理由
- 見てみたい(怖いもの見たさ)
- 閉店後のショッピングモール内を歩いてみたい

高校生の、蚊に刺されにくくなる方法の研究

概要：高校生が、蚊に刺されやすい人は足の常在菌の種類が多い（多様性が高い）ことをつきとめ、アルコールを湿らせたティッシュで足首より下を拭き消毒させたところ、刺された数が減少したという。

理由
- 蚊に刺されないように、試してみたい
- 実生活に役立つ自由研究をしてみたい

語りかけ育児

概要：書籍。子供に語りかけることの重要性を説いた本。

理由
- 子供の脳や情緒を育みたい

パワポを付箋代わりにして一人ブレスト

概要：PowerPointの1ページに1アイデアを書いて、自分でブレストをする方法がWebで紹介されていた。

理由
- やったことがなかったので、一人でのブレスト方法として試してみたい
- 新しいアイデアをラクに考えたい

家の掃除代行サービス

概要：プロに自宅の清掃を依頼するサービス。

理由
- 家をピカピカにして長持ちさせたい
- ラクに汚いところを掃除したい

リアル宝探しゲーム

概要：屋外で、宝の地図の謎を解きながら宝探しをするイベント。

理由
- 子供と宝探しの冒険をしてみたい
- 謎を解いて答えを知りたい

ピンポン玉より薄いお掃除ロボット

概要：超薄型で、狭い隙間のある家具の下などに入り込んで掃除できるロボット掃除機。

理由
- 棚の下を掃除したい
- かさばらずに収納したい

ひとり暮らしのメリットは「恋人を呼べる」「誰かと家飲みできる」

概要：記事の見出し。
読んで、一人暮らしに憧れた。

理由
- 一人で暮らして自由気ままに好きなことをしたい
- 家飲みを企画したい

宙に浮くグラス Levitating Cup

概要：台座の上で浮くグラス。ドリンクをついで、浮いている状態から手で取って飲める。

理由
- 浮いているグラスで飲み物を飲んだらどんな気分か味わってみたい
- これでお客さんにお茶を出してみたい

ごちゃまぜ文庫

概要：「デザインあ展」で展示されていた、文庫のタイトルを組み合わせて新しいタイトルをつくる組み立て積み木のような作品。

理由
- 部屋に飾っておき、遊びたい
- 言葉を組み替えて手軽に周りの人を笑わせたい

ものすごく小さいミニチュア盆栽

概要：驚くほど小さい盆栽のオブジェ。

理由
- 机周りに飾って、センスがいいと思われたい
- 精巧な出来を観察したい

2回目の結婚式

概要：結婚10年目などに、もう一度結婚式を挙げるサービス。

理由
- 奥さんとさらに仲良くなりたい
- 家族に記念のプレゼントをあげたい

小豆の入ったアイピロー あずきのチカラ

概要：電子レンジで温めて目の上にのせると、目を休めることができる。

理由
- 疲れ目を解消したい
- 使い捨てではなく、何回も使いたい

60分一本勝負の小説

概要：Webで実施されている遊び。60分でテーマに沿うなどして小説を書き、みんなで共有して感想を言い合ったりする。

理由
- 小説を勢いで書いたら書けるかもしれないので、やってみたい
- 人の作品を見たい

ユーザー同士で座布団をあげあう アメーバ大喜利

概要：ユーザーが出したお題に、面白いボケを回答して、ランクアップを目指すコミュニティアプリ。

理由
- 大喜利のセンスを磨きたい
- つまらない回答でもボケてみたい
- 座布団が欲しい（人に評価されたい）

世界の街の定点観測カメラ

概要：Webにまとめサイトもある、世界のいろいろなところの定点観測カメラのリアルタイム映像。

理由
- どこでもドアでどこにでも行けるような感覚を楽しみたい
- 世界中の「今」を見てみたい

シャツのたたみ方ライフハック

概要　動画で人気がある、いろいろな形状の服を素早く美しくたたむ方法の紹介。

理由
- きれいで簡単な服のたたみ方を習得し、自慢したい
- 気持ちよく、さっとたたんで人に見せたい

たった一秒でできる、上司に好かれる行動

概要　見つけた記事の見出し。思わず即クリックして読んだ。

理由
- 嫌な上司との関係を円滑にしたい
- 気遣いができるようになりたい

話し方上達の最大のポイント「自分の話し方を録音する」

概要　見つけた記事の見出し。思わず即クリックして読んだ。

理由
- 話し方がうまくなりたい
- 自分の声やしゃべり方を好きになりたい

虹の端っこ 見たい

概要　Twitterで話題になった写真。

理由
- 見たことがない自然現象を見たい
- 超レアな写真を撮ってSNSにアップし、「いいね！」が欲しい

酒を飲みながら仕事していいコワーキングスペース

概要　公然とお酒を飲みながら仕事していい場所があったらいいなと思う。

理由
- 酒を飲みながら仕事をしたら効率がよくなるか試してみたい
- 酒の力でアイデアを出したい

ジェット動力式ウイングスーツ

概要　身に着けると飛べるスーツ。

理由
- 空を自由に飛んでみたい

9code占い

概要　生年月日から、タイプを9分類する占いの手法。

理由
- 自分のタイプを知り、どんな有名人と同じタイプなのかを知りたい
- 占いが当たった時の驚きと喜びを感じたい

小さいふ

概要　コンパクトでおしゃれな財布。

理由
- かさばらずにお金、カードを携帯したい
- 財布をポケットに入れたい

マクロ管理法筋トレ

概要　「性別・身長・体重・年齢・活動量・目的（増量・維持・減量）」などから、1日に摂取すべき総カロリーと三大栄養素（タンパク質・脂質・炭水化物）の量を算出し、その通りに食事をすることで、理想の体になれるという方法。

理由
- ひよわな自分でも効果のある筋トレをしたい
- 老後に備えて長生きするための適正な筋力が欲しい

恋に落ちる音

概要　そういう音があるらしい。

理由
- 異性と一緒にいる時に聞いてみたい

スマホを持たない女子高生 定期券触る

概要：記事の見出し。スマホを持っていない女子高生が、スマホを操るかのように定期券を触っていたという話。

理由
- スマホばかり触っていると体に悪そうだから、スマホの代わりに触るものが欲しい
- 自分の子供にスマホを持たせたくない
- 自分もカバーがあれば触っちゃうなと思った

病気の人に正しく声をかける方法

概要：記事の見出し。

理由
- いざという時のために知っておきたい
- 人を傷つけず、元気にさせる話し方を身につけたい

本当に効果のある痛い健康サンダル

概要：長年探している、自分の中の理想の商品。自分の足にぴったりの痛さで歩き続けられる健康サンダルが欲しい。

理由
- 最高に気持ちよくて効果のある、究極の足ツボをやりたい
- 全身が健康になりたい

ガッキーが妻になったような動画

概要：商品宣伝の動画。女優、新垣結衣さんの隣にいるような感覚で観られる。

理由
- 疑似体験したい

ニンテンドークラシックミニ スーパーファミコンのリプレイ機能

概要：ゲームでミスした時に、少し前の時間にさかのぼってやり直せる。

理由
- 難しいソフトをクリアするための夢の機能を使いたい
- 忙しい時に時間をかけずにゲームを進めたい

子育てのツラさを恋人に置き換える

概要：親と赤ちゃんを『恋人関係』に置き換えることで、育児の大変さを表現したマンガ。

理由
- 人に見せたい
- 育児疲れを癒やしたい

自分の声で遊べるコエステーション

概要：自分や知人の声を入力すると、その声で音声合成ができ、いろいろなことをしゃべらせることができる技術。

理由
- 好きな人の声で告白されたい

女子が肩もみしてくれるPC作業カフェ

概要：カフェで仕事をしていると肩がこるから、その場でクイックマッサージしてくれて、かつ仕事や悩みごとの相談にも乗ってくれる、というサービスがあったらいいなあ。

理由
- カフェを出ることなくマッサージに行きたい
- 仕事の相談（ブレスト）相手が欲しい

だらだら過ごしてもいいジム

概要：トレーニングジムは、基本ハードな運動をして体を鍛えるが、適当にストレッチをゆっくりやって、休んだりおやつを食べたりしてのんびりできるジムが欲しい。

理由
- だらだらした努力をしたい
- ストレッチだけ毎日続けるモチベーションが欲しい

1枚しか名刺交換できない「ビジネスねるとん」

概要：異業種交流会で、適当に名刺を配り合うだけでなく、いろいろ話した後に、この人とつながりたいという一人にだけ告白をして、名刺をゲットできる会。

理由
- 人生における運命の友人が欲しい
- 気の合う人や仕事で深く関われる人と知り合いたい

アイドルプロデュース一日体験サービス

概要

アイドルグループのメンバーを決め、曲を決めて、プロデュースするという体験をできるサービス。

理由

- 最高のグループメンバーを決めてみたい
- アイドルが歌って踊る横で、自分がつくった曲を演奏したい(キーボードかギターで)

夫婦でペアルックで参加するイベント

概要

ペアルック必須で、夫婦で参加するイベント。

理由

- ペアルックで人前に出てちょっと自慢したい
- ペアルックで写真を撮りたい
- 非日常的な行動の後押しがほしい

お笑いコンビ相方探しWebサービス

概要

バンドメンバー募集サイトのように、お笑いコンビの相方を募集できるサイト。相性マッチングサービスも。

理由

- 漫才やコントをやってみたい
- 気の合う相方を見つけたい

忘れたら通知してくれる折り畳み傘

概要

センサーがついていて、自分のスマートフォンから距離が離れたらアラームで警告してくれる折り畳み傘。

理由

- 折り畳み傘をめっちゃなくすので、自分の体から離れたらアラームで教えて欲しい。

カウンセリングBAR

概要

とにかく悩みごとを聞いてくれて、アドバイスをくれる酒場。

理由

- 思いっきり他人に悩みをぶっちゃけて相談したい
- 救いが欲しい

鼻毛脱毛
ブラジリアンワックス

概要：鼻にワックス付きの棒などを入れて、時間がたったら引っこ抜くことで、鼻毛がきれいに取れる。

理由
- 鼻毛を一発できれいに抜いてみたい
- 身だしなみを整えたい
- 鼻を健康に保ちたい

企業のOB・OGがつながるアルムナイ・ネットワーク

概要：企業のOB・OG・退職者がコミュニティでつながり、元の企業とも連携し、貢献できるようつながっていく仕組み。

理由
- 会社を辞めても元の会社にさらに貢献したい
- 働き方の選択肢を世の中に増やしたい

手が疲れない
エルゴノミクスマウス

概要：人間工学に基づいて設計された、手が疲れにくいとされるマウス。

理由
- (僕が腕を痛めがちなので)腕をケアしたい
- PC作業の疲れを軽減したい

熱すぎない
喉用吸入器

概要：喉を潤すための吸入器は、出てくる蒸気が熱いものが多いので、心地よい蒸気で喉を癒やせる機器があればいい。

理由
- 快適に喉を潤し、声をよくしたり風邪を予防したりしたい
- 嫌なことを毎日続けられる気持ちよさが欲しい

わかりやすい
路線バス

概要：バスもバス停も、どこに行くにも「このバスで合っているのか？　どこで降りればいいのか？」と迷うので、解決できないか。

理由
- 迷わずバスを選び、安心して乗りたい
- いちいち運転手さんに聞かなくても確信を得たい

空気をきれいにする造花

概要　光触媒を利用し、部屋に置いておくと空気をきれいにしてくれる造花。

理由
- 植物を部屋に置きたいけど、水やりや手入れを続けなくてもよくしたい

インサイダー・ゲーム（嘘をついてだますゲーム）

概要　カードゲーム。みんなで、出題者に質問をしながら答えを当てていくが、一人だけ答えを知っているインサイダーは、自分がインサイダーだとバレずにプレイするという、だまし合いのゲーム。

理由
- 公然とウソをついてみたい
- 推理を楽しみたい
- 楽しい会話をしたい
- ゲームで一人勝ちしたい

ふるさとチョイス

概要　全国のふるさと納税の返礼品が検索できるポータルサイト。

理由
- ふるさと納税をお得に活用したい
- 日本中の名産品を知りたい

寿司の握り方教室

概要　寿司を手で握る技術を教えてくれる講座。

理由
- 職人のようにカッコよく寿司を握ってみたい

傘シェアリングサービス

概要　傘を共有物として、皆で使えるサービス。

理由
- ビニール傘をたびたび買いたくない
- 折り畳み傘を持ち歩きたくない

財テク塾

概要　お金の運用の仕方などを教えてくれる塾。

理由
- お金を効率よく増やしたい
- お金の心配をしたくない

窓用ロボット掃除機

概要　ガラス窓に貼りついて移動しながら磨いてくれるロボット。

理由
- 面倒な窓ふきを楽にやりたい
- 窓をきれいにしたい

何もかも充電できるケーブル

概要　一本持っているだけで、端子の違うスマートフォンやタブレットなどを充電できるケーブル。

理由
- ケーブルをたくさん持ち歩かなくてもいいようにしたい
- バッテリー切れの心配をなくしたい

人体を通過する映像

概要　口から入って、体の中を肛門まで抜けていく映像。

理由
- 体の中(食べ物の通り道)を見てみたい

テレアポを断られた時のメンタルコントロール術

概要　そのようなタイトルの記事。どう考えたらストレスなくテレアポの仕事ができるか。

理由
- 何も気にしないようになりたい
- 営業がうまくなりたい

使いかけのアラビックヤマトの気泡を動かす遊び

概要

アラビックヤマトという水のり商品を使っていくと、のりが減っていくとともに、気泡が大きくなっていく。僕が小学校の時、アラビックヤマトの容器を傾けて、その気泡を動かしたりちぎったりして遊んでいた。何年もその遊びを飽きずにやっていた。

理由

- 気泡（液体）がゆっくり動くさまを見ていたい
- 思い通りに気泡をちぎりたい

車庫入れ専門学校

概要

車庫入れだけ教えてくれる人がいたらいいなあと思い。

理由

- エレガントに一発で車庫入れしたい
- 運転ストレスを減らしたい

缶詰専門店

概要

日本中のいろいろな缶詰を売っているお店。

理由

- 美味しい缶詰をつまみにしてお酒を飲みたい
- 面白い缶詰を知りたい

屋台で紐をひっぱるくじ

概要

紐の束の中から一本選んで引っ張ると、その先につながっている景品が上がってきて、それをもらえる、くじ商品。

理由

- 懐かしいので、やってみたい

斎藤さんゲーム

概要

リズムに合わせて「ぺ、ぺ」「斎藤さん」などとコールしていくゲーム。

理由

- すごい速さでやってみたい
- ものすごくうまい人の動画を見てみたい

熱すぎない携帯カイロ

概要：使い捨てカイロは、熱すぎて心地よくないことがあるので、ちょうどいい温度のカイロが欲しい。

理由
- ちょうどいい温かさで温まりたい

ノート型ホワイトボード

概要：持ち歩ける、ノート形態のホワイトボード。

理由
- ホワイトボードを便利に持ち歩きたい
- 会議でアイデアを考える時にみんなで使いたい

地下アイドルのライブ

概要：メジャーではないアイドルのライブを、間近で見て盛り上がる。

理由
- 普段やることがないくらい体を動かして叫んでみたい

Facebookの通知を完全に切る

概要：Facebookの通知が鳴りすぎて、チェックしたり対応したりするのに疲れてしまうので、時々離れたい。

理由
- 人に気を使いたくない
- のんびりしたい
- 落ち着いて、安らぎたい

4分でわかるブロックチェーン

概要：ブロックチェーンについて短時間で理解できるWeb上のアニメ動画。

理由
- 知らないことを短時間で知りたい

常温の水の販売機

概要　冷たくない水が買える自動販売機。

理由
- 冷たくないものが飲みたい

自分より給料が低い人の話を聞ける番組

概要　給料が安くても幸せに生きている人のインタビューや事例紹介を見たいと思った。

理由
- 安心したい

小学校の内装の飲み屋

概要　小学校の教室のような部屋の中で、お酒を飲める居酒屋。

理由
- 小学校時代の思い出やあるあるを皆で話したい
- 懐かしい机を見たい

頭が痛くならない帽子

概要　帽子を長時間被ると頭が痛くなるので、頭が痛くならない帽子が欲しい。

理由
- 頭痛を防ぎたい
- 普段と違うお洒落をしたい
- 防寒したい
- 紫外線から目を守りたい

居酒屋のトイレに貼ってある世界一周船の旅のポスター

概要　世界一周の旅の広告。居酒屋で酔っ払った状態で見ると、ちょっと行きたくなる。

理由
- 地球を一周してみたい
- 英語で会話をしてみたい

本文イラスト／浅妻健司
本文デザイン／喜來詩織（tobufune）
本文ＤＴＰ／辻井知（SOMEHOW）

著者紹介

高橋晋平（たかはし・しんぺい）

株式会社ウサギ 代表取締役

1979年秋田県北秋田市生まれ。2004年に株式会社バンダイに入社し、大ヒット商品となった玩具「∞プチプチ」など、バラエティ玩具の企画開発・マーケティングに約10年間携わる。2013年には、TEDxTokyoに登壇し、アイデア発想に関するスピーチがTED.comを通して世界中に発信された。2014年より現職。様々な企業の企画ブレーンや、チームを育成しつつ新商品を立ち上げる「企画チームビルディング」に従事するなど、いろいろな形でモノコトづくりに携わっている。著書に『∞アイデアのつくり方』（イースト・プレス）、『アイデアが枯れない頭のつくり方』（CCCメディアハウス）、『プレゼンをキメる30秒のつくり方』（日経BP社）などがある。

●連絡先：contact@usagi-inc.com

※「プチプチ」は川上産業株式会社の登録商標です。

一生仕事《いっしょうしごと》で困《こま》らない企画《きかく》のメモ技《てく》　〈検印省略〉

2018年　2　月　28　日　第　1　刷発行

著　者――高橋　晋平（たかはし・しんぺい）
発行者――佐藤　和夫

発行所――株式会社あさ出版

〒171-0022 東京都豊島区南池袋 2-9-9 第一池袋ホワイトビル 6F
電　話　03 (3983) 3225（販売）
　　　　03 (3983) 3227（編集）
F A X　03 (3983) 3226
U R L　http://www.asa21.com/
E-mail　info@asa21.com
振　替　00160-1-720619

印刷・製本（株）ベルツ

乱丁本・落丁本はお取替え致します。

facebook　http://www.facebook.com/asapublishing
twitter　http://twitter.com/asapublishing

ISBN978-4-86667-030-0 C2034